最新版

「言いたいことが言えない人」のための本

ビジネスではアサーティブに話そう！

ライフデザイン研究所 所長
畔柳 修
Kuroyanagi Osamu

同文舘出版

はじめに

仕事が終わったら早く家に帰って休みたいのに、毎晩のように同僚に飲みに誘われ、断りきれずについつき合ってしまう。

トラブルが発生した事情を説明したいのに、上司がまったく話を聞いてくれず、一方的に怒鳴られる。

頻繁に遅刻する部下に対して上司として注意しなければならないのに、どのように伝えたらいいいか悩んでしまう。

「言うべきことを適切に伝えられない」

多くの方がそんな悩みを抱えているのではないでしょうか。

なぜ、言いたいことをスムーズに伝えられないのか、ひとつ、ヒントになるエピソードをご紹介します。

顧客満足度が極めて高いことで知られるホテル、ザ・リッツ・カールトンでは、お客様と目線を合わせることを大切にしているそうです。

ザ・リッツ・カールトンでは、〝紳士淑女〟であるお客様にお仕えするスタッフも〝紳士淑女〟であると定義しています。お客様と同じ目線で、積極的にコミュニケーションをとろうとする企業文化、風土が根づいています。

日本のホテルでは、お客様は上の存在で、サービススタッフは下から仕えるものという認識がまだまだ強く、「こちらからお客様に話しかけたりしては失礼ではないだろうか」と考える習慣が残っています。このためスタッフは、お客様より一段へりくだってサービスすることが常識になっています。スタッフはあくまでサーバント（給仕する人）なのです。

しかし、心が通ったサービスをするには、お客様とスタッフが同じ目線を持って尊敬し合うことが必要不可欠ではないでしょうか。お客様が「上」にいればスムーズなコミュニケーションがとれず、人間対人間の信頼関係を築くことは難しくなります。

このため、ザ・リッツ・カールトンが謳う「お客様もスタッフも紳士淑女」という定義は、一流のサービスを提供するのに欠かせないものだと言えるでしょう。

これは、ホテルの現場だけでなく、一般の仕事、普段の生活でも参考になる話ではないでしょうか？

ビジネスの現場では、相手の意見を尊重しつつ、適切に自分の考えを表明することは、業務を円滑にするだけでなく、健全な職場（社会）生活に不可欠です。

にもかかわらず、実際には、自分の意見を押し通すために高圧的にふるまったり、相手に委縮して自分の考えをまったく伝えられずにいることがしばしば起こってしまいます。

これは、ザ・リッツ・カールトンの例で言えば、自分と相手が同じ目線で尊敬し合う関係になっていないから、と言えないでしょうか。

自分の気持ち・考えを「攻撃的になることなく」「委縮することなく」適切に伝える態度・ふるまいを「アサーティブ」と言います。

本書では、私の人材コンサルタントとしての経験を交えながら、ビジネスの現場で実践できる「アサーティブ」なかかわり方をご紹介します。

アサーティブは「自己表現」や「自己主張」と訳されるため、表現する、主張するという「伝える技術」に限定されるものだと受け取られがちです。また、コミュニケーションというと、どうしても「こんなとき、どう伝えたらいいのだろう」「さっきはどのように断ったらよかったんだろう」と、えてして〝ハウツー〟になりがちです。

しかしアサーティブは、自分と相手を同様に大切にしてコミュニケーションをとるための「伝え方のスキル」でありながらも、本質的には、相手とどのような人間関係を構築したいのかという「自分と相手との向き合い方」を考えるものです。

その意味で、アサーティブは単なる〝ハウツー〟ではなく、〝あり方〟だと言えます。

そもそも「〝○○〟と言われたら、〝△△〟と切り返しましょう」といった〝ハウツー〟は、「自分の気持ちを上手に表現できない」と悩んでいる方にとって「それが言えたら苦労しない」と感じられるものではないでしょうか。

本書では、なぜ自分はアサーティブになれないのかという「考え方（受け止め方）」を知っていただいた上で、実践的な「会話法」をご説明します。

「自分がどのような考え方（受け止め方）をしているか」を知るための「気づきのノート」と、素直な表現を身につけるための「築きのノート」をご用意しました。みずからに〝気づき〟、そして〝築き上げる〟という、自分との対話や創造の機会を盛り込んでいます。

職場の人間関係を円滑にしたい

組織をより活性化したい
創造性を発揮する環境をつくりたい
顧客満足を高めるために、まずは従業員満足を高めたい
課題や心の葛藤に有効にアプローチしたい
——などのご要望に役立つものだといえるでしょう。

アサーティブに表現することが苦手な日本のビジネスマンに、少しでもヒントをご提供できれば幸いです。

2016年9月

畔柳　修

目　次◎最新版「言いたいことが言えない人」のための本
ビジネスではアサーティブに話そう！

2章

なぜ素直に表現できない？無意識のうちにあなたを縛る思考の〝クセ〟

3章

「思い込み」から抜け出そう！アサーティブになるための思考レッスン

4章

言いにくいことでも素直に表現し、伝えよう！アサーティブな話し方レッスン

5章 積極的に聴き、相手をほめよう アサーティブは〝聴く〟ことから

6章

“違い”から価値を生み出す コミュニケーション 率直で創造的な職場づくり

カバーデザイン／村上顕一
イラスト／髙木一夫
本文デザイン・DTP／マーリンクレイン

1章

言うべきことが言えない！
思うように伝えられない！
対人関係の3つのタイプ

あなたはどのタイプ？〝頼まれごと〟への3つの反応

人事部の研修担当者のつぶやき――

「やっと研修の事務局担当を終え、自分の仕事ができる。溜まっている研修企画の仕事に取り掛からないと、予定よりも2週間ほど遅れているなぁ。これから数日は集中してオフィスで仕事ができるから、なんとかして挽回しなければ」

そう思っているときに、内線電話が鳴りました。同じ人事部の採用担当者からです。

「研修を終えたところで申し訳ないけど、採用面接の人手が足らずに困っているんだ。どうしても、君の力を貸してほしいんだよ。明日から1週間、予定を空けてもらいたいんだが……」

という依頼です。

やれやれ、やっと自分の本来の業務に取り掛かれると思っていた矢先なのに……。

さて、あなたが当事者だとしたら、どのように反応しますか？

もうひとつ、質問です。

次のページの質問に該当する場合は空欄に○印を記入して、合計を数えてください。○の数がいちばん多いのは「A」「NA」「AG」どの列でしょうか？

	質問内容	A	NA	AG
1	人が中途半端な仕事をしたとき、それをきちんと指摘する			
2	都合の悪いとき、その人やその状況を避ける			
3	会議やミーティングでは、なるべく目立たないようにする			
4	怒り、いらだち、失望といった感情を抱いたときも、それを口に出して素直に言うことができる			
5	相手の要望よりも、自分の要望のほうが大切である			
6	話し合いでは、会話を独占しがち			
7	目上の人に対しても、素直に自分の意見を伝えることができる			
8	相手がわかったと言っても、なおも議論を続ける			
9	人にほめられたとき、素直に受け取ることができない			
10	自分と違う意見の人や、やり方の違う人と仕事に取り組むとき、妥協しないで自分のやり方を押し通す			
11	人から不当に強く批判されたとき、黙ってしまう			
12	同僚からの厚かましい要求を断ることができる			
13	自分の会話を中断されると腹が立ち、怒りの表情を浮かべてしまう			
14	熱心に頼まれると「嫌だ」と言えない			
15	失敗をしたときは、それをきちんと認めることができる			
16	気軽に何かを依頼したり、援助を申し出ることができる			
17	議論の際、自分の意見を述べるとともに、相手の意見にも耳を傾ける			
18	自分の解答はいつも正しいと思う			
19	仕事中、周囲の目が気になる			
20	職場でカッとなることが多い			
21	人から何か頼まれたとき、断ったあとで罪悪感を覚える			
22	ほめるなどの好意を率直に表現している			
23	自分と違う意見を持つ人の話にも耳を傾け、その中から学ぶことが多い			
24	コンプライアンス（法令遵守）に関しては、見て見ぬふりをせず指摘できる			
25	職場で不満があるとき、ストレートに言わず、嫌味を言う			
26	しばしば人に取って代わって決断する			
27	会話のとき、視線を合わせないことが多い			
28	なかなか決断できない			
29	自分が知らないことやわからないことについて、その説明を求めることができない			
30	叱ったら、叱りっぱなしでフォローしない			
	合　計			

タイプ1　自分の考えを押さえ込んでしまう

14ページのひとつ目の質問の続きです。

「困ったなぁ、自分の仕事がさらに遅れてしまうというのに」

とつぶやきながら、

「わかったよ。やっと自分の仕事に取り掛かれると思ったんだけど、仕方ないなぁ、明日から手伝うよ」

と、本音・都合をはっきり伝えない。

タイプ2　怒りを爆発させる

「君はこちらを手伝うことは一切しないで、頼むときだけ都合がいいんだ！　君の仕事ははかどるかもしれないけれど、ぼくの仕事が手につかないじゃないか。人手が足らないことくらい想定できただろうから、他をあたってくれよ！」

と、怒りを爆発させる。または、

「やっと自分の仕事ができると思ってたんだけど……うん……、わかったよ」

と引き受けたものの、翌朝わざと遅刻して行ったり、自分の仕事を持ち込み、面接に気

が乗らないふりをしてみせる。そんな態度を指摘されたものならすぐさま、

「だから忙しいと言ったじゃないか。せっかく手伝ってやってるのに」

と開き直ったり、反撃に出る。

タイプ3　自分の気持ちを素直に表現する

「君が困っていることはよく理解できるんだけど、ぼくも本来取り組む仕事が2週間ほど遅れているんだ。やっとここ数日で取り戻せると意気込んでいたところなんだ。だから今回は手伝えないんだ」

「どうだろう、午前中だけなら手伝えるんだけど、それでどうにかならないかな？　新規採用の見通しが立ったら、こちらの資料収集も2日ほど手伝ってくれると嬉しいんだけど」

と、自分の事情を率直に伝える。


引き受けるのが難しい頼まれごとに対する、代表的な応え方を3つあげました。あなたはどのタイプにいちばん近いでしょうか？

自分のことは二の次で、相手を優先する

タイプ1のような考え方を「ノン・アサーティブ」と言います。

16ページの表で「NA」の列にいちばん多くの◯がついたら、ノン・アサーティブな傾向があると言えます。

ノン・アサーティブな言動とは、

- 自分の考えや欲求を押さえ込んで、相手に伝えない
- 相手にわかりにくい遠まわしな言い方をする、言い訳がましく言う

など、非主張的・受身的な言動のことです。

❖「伝えない」＝自分を過小評価

自分の考えや欲求を伝えないということは、「私は取るに足りない人間です、無視や軽

視をしても結構です」という態度をとっているようなもので、自分が実際に持っている影響力を過小評価しているとも言えます。

従順で素直な人と受け止められ、「とてもいい人」と評価されることもあるでしょう。しかし、言わないことで恨みつらみがたまって爆発し、攻撃的言動に一転することが多いのも特徴です。

また、相手には我慢していることがわからないため、我慢していても感謝されるとはかぎりません。「何を考えているかわからない人」と判断されることもあります。

自分のことしか考えず、相手を踏みにじる

タイプ2のような2つの対応は、いずれも「アグレッシブ」なタイプです。16ページの表で「AG」の列にいちばん多くの○がついたら、アグレッシブな傾向があると言えます。

アグレッシブとは、人を踏みにじって大切にしない、相手の意見を無視、軽視し、相手

に対して否定的な感情や敵意を示す態度で、自分が正しいと思っている人にしばしば見受けられる言動です。

❖欲求を押さえ込んだ結果、攻撃的になることもある

攻撃的になるケースのひとつに、ノン・アサーティブな人が「堪忍袋の緒が切れて」、一転して「なんて失礼な、許せない！」となる場合があります。

また、気持ちを正直に表現できず、攻撃的になることもあります。相手にはっきり言わないでムッとした表情をしたり、つっけんどんな言い方や遠まわしに嫌味っぽく伝えるやり方で、相手に

「ひょっとして、嫌なのかな……」

「何か悪いことを言ったかな……」

と思わせてしまうのです。

また、自分がされたことをわざと相手に復讐したり、本当は相手に対して不安を感じているのに、それを隠すために怒鳴ることもあります。

「これで私の気持ち、わかった？」

「あなたはいつもこうだけど、これで思い知ったでしょ！」

と、遠まわしに攻撃をしてしまうのです。

たいていの人は、ノン・アサーティブな言動と攻撃的な言動の間を行ったり来たりするか、場面によって使い分けています。

アグレッシブは、相手の権利を平気で侵したり、相手を不愉快にさせたり、侮辱したり、威圧するようなかたちで自分を表現することになります。

❖「度を超えた親切」もアグレッシブ

相手の意向を無視した親切をお節介と言いますが、お節介の度が過ぎて攻撃的になることもよく見られます。

たとえば、部下を頼りなく思って信頼できずにいる上司、過保護、過干渉になんでも口をはさみたくなる先輩などがそうです。本人に悪意がないだけに厄介です。

「なぜ親切に指導しているのに従わないんだ」

「何度言ったらわかるんだ」

と、いくら相手のためを思っているとしても、お節介では受け入れてもらえません。

自分のことをまず考える＋相手のことも十分考慮する

タイプ1とタイプ2では、思っていることをストレートに伝えていないのに対して、タイプ3のような発言は、率直に、そして素直に自分の想いを語り、しかも相手の想いを語るスペースを残しています。これをアサーティブな言動と言います。

18ページの例の場合は、「自分の本来の仕事が2週間ほど遅れている」という理由を説明した上で、「今回は手伝えない」と伝えています。

あるいは、「午前中だけなら手伝える」と自分の都合に合わせた提案をしてから、相手の仕事の見通しが立ったらこちらの仕事も手伝ってほしい、と依頼もしています。

❖「アサーティブ」は自分も相手も尊重する

アサーティブは、自分の権利をはっきり伝えながら、相手の権利も侵さないという「相互尊重」のコミュニケーションです。

アサーティブな立場とは、「自分と同様、相手にも感情や考えがあるのだから、葛藤は当然起こり得る」と考えるものです。そして、お互いを大切にして歩み寄る姿勢をとり、葛藤解決の方法を探ろうとすることです。

アサーティブ（Assertive、名詞ではアサーション）とは聞きなれない言葉かもしれません。英和辞典で調べると「断定的な」「自己主張の強い」という意味が書かれています。この意味通りに「自己主張」とか「断定的な自己表現」とアサーティブをとらえてしまうと、「どんなことをしてでも自分の欲求を通すこと」と誤解されがちですが、決してそのようなことを意味するものではありません。

アサーティブになるということは、自分自身のことを素直に、率直に、そして適切に表現することで、自分の思っていることを大切にする、ひいては自分自身を大切にすることなのです。

本書ではそのまま「アサーティブ」とか「素直な自己表現」と表記します。

キーワード1　自分の気持ちや考えに「素直」になる

どうすればアサーティブになれるか、それを次章以降で詳しくお話ししていきますが、ここで少し予習をしておきましょう。

キーワードのひとつ目は「素直」です。

❖本音と異なる「意図」「配慮」をしていないか？

「同僚と飲みに行くより、夜は家で静かに過ごしたい」のに、「つき合いの悪い人間だと思われたくない」、だから「毎晩つき合ってしまう」――よい印象を相手に与えたいという意図。

「こちらが忙しいときに電話をかけてきて、いつも長話をする。困っているけど、なかなか言い出せない」――相手を傷つけないようにとの配慮。

「ミーティングの過程で、自分の考えを伝えきれない」、だから「不機嫌な態度、すねた態度をとってしまう」――自分の目論見を相手に承知させようという意図。

そんな、本当に思っていることとは異なる「意図」や「配慮」をしてしまい、自分の本音を「素直」に表現しないことはないでしょうか？

自分の気持ちや考えに対して自分が素直にならないかぎり、気持ちや考えをはっきりと表明することは難しいものです。

アサーティブとは、お互いがしっかりと自分の気持ちや考えを伝え合い、真実を語り合うことを意味するものです。

ノン・アサーティブもアグレッシブも、ともに自分が何を欲し、何を考えているかを相手にしっかりと伝えず、自分の欲求（希望）を歪曲したかたちで通そうとしています。

その結果、相手の思いのままになるか、それとも相手の権利を侵害するかのどちらかになってしまいます。

いままで自分のしてほしいことや感じていることをはっきり伝えてきたかどうか、考えてみましょう。素直に表現することは自分勝手だ、あるいは、相手を傷つけ関係を壊してしまう、などと思い込んでいませんか？

しかし、素直に表現しなかったために、必要以上の仕事を抱え込んでしまったり、行きたくない飲み会に出かけていたとすると、素直に表現しないことが、かえって人間関係を悪化させてしまうことに気づくでしょう。

キーワード2　自分の選択に責任を持つ

キーワードの2つ目は「責任を持つ」ということです。

アサーティブになるということは、人が決めたことに従ったり、あるいは人の意向に合わせて自分の方針を変えるのではなく、自分で意思決定することです。

自分で意思決定するということは、自分に起こったことを周りの環境や他人のせいにせず、自分が責任を持つことを意味します。

また、自分の生活に対して自分で責任をとるということは、自分が「こうありたい」と願う方向へ変えることができることを意味します。

自分の人生の不運を周囲や環境のせいにして、周りを責めることは、自分の置かれている好ましくない環境を変えることに他律的になることを意味します。

アサーティブは、「主体的に」生きよう、「主体的に」かかわろうとすることなのです。過去と他人は変えられません。変えられるのは自分、そして未来なのです。

自分で自分に責任を持つことが、いちばん自由なことであり、自分を活かそうとする道なのです。

キーワード3 「自分の意見を押し通す」ことではない

キーワードの3つ目は「対立を歓迎する」ことです。

アサーティブは、自分の気持ちや欲求、考えや信念を素直に、率直に、状況に応じて適切に表現し、お互いを大切にし合おうという相互尊重の精神と、相互理解を深めようという態度でかかわるもの、とすでに述べました。

「ときには対立が起こる」という覚悟も必要

だからと言って、アサーティブにかかわれば「自分の気持ちや意見が通る」というものではありません。お互いの意見や気持ちの相違によって葛藤が起こることもあります。

しかし、そこで安易に妥協せずに、お互いの意見を出し合って、譲ったり譲られたりしながら歩み寄り、ともに納得のいく結論を導き出そうとするプロセスを大切にします。

対立が起こらないようにするのではなく、対立が起こり得ることも覚悟し、お互いに葛藤を引き受けていこうとする態度がアサーティブなのです。

歩み寄りを大切にするため、自分が表現するのと同様に、相手の欲求や気持ちにも耳を傾けます。伝えるという発信だけでなく、〝聴く〟ことも、アサーティブな行為として大切になります。

「選択の余地」と「歩み寄り」がある

アサーティブを「いつも自分の思い通りにすること」と考えてしまうと、一方が主張を通し、他方が主張を引っ込めるという〝勝ち負け〟の関係になってしまいますが、アサーティブなあり方には常に選択の余地があります。

アサーティブにかかわっても思い通りになるとはかぎらず、歩み寄るために話し合うことになるかもしれません。

たとえば、F君の職場のミーティングでは、F君を除いて全員がヘビースモーカーです。F君は「ミーティング中は禁煙にしてほしい」とアサーティブに希望を伝えました。周囲はF君に同情してくれましたが、ミーティング中、禁煙にすることには同意してくれませんでした。

また、タバコを吸うたびに部屋を抜け出すと会話が途切れ、生産的でないということも伝えました。しかし、タバコを吸うときは窓を開けたり、換気扇をつけること。一度に数人が吸わないこと、などの提案がありました。

F君の要望は全面的には受け入れられませんでしたが、F君はいくらか納得でき、自分の意見が大切にされたと感じました。

F君と同様に、あなたの気持ちや価値観は、まぎれもなくあなただけの大切なものです。「私は〇〇してほしい」と自分を大切にすることは、同時に相手の気持ちや意見を相手のものとして尊重しようとすることなのです。

誰でも3つの要素を持っている

16ページのチェックリストによって、あなたはいずれかのタイプになったと思いますが、注意していただきたいのは、誰でも「アサーティブ」「ノン・アサーティブ」「アグレッシブ」の3要素を持っている、ということです。

チェックリストは「どの傾向が強いか」を判断するためのもの

チェックリストは、「あなたは、アグレッシブタイプ！」と断定したり、ラベルを貼るものではなく、対人関係においてあなたがどの傾向が強いかを判断するためのものです。

誰でも、先に紹介した3つのコミュニケーションタイプのいずれも持ち合わせていて、相手や状況によって、その中のいずれかが発揮されるのです。

「〇〇と一緒にいるとついついアグレッシブになってしまうなぁ」

「◇◇と言われると、ノン・アサーティブになってしまう」

というようなものです。

本書を通して、自分を理解し（気づき）、アサーティブなあり方、かかわり方へ一歩ずつ歩みはじめてください。

2章

なぜ素直に表現できない？ 無意識のうちにあなたを縛る思考の“クセ”

感情は〝誰の〟もの？

アサーティブになるための考え方や方法をお話しする前に、「なぜアサーティブになれないか」について考えてみましょう。

❖「ものの見方」によって「感じ方」も変わる

同じ出来事（状況）に遭遇したふたりのうち、ひとりは死ぬほど思い悩み、もうひとりは気にも留めない、ということはありませんか？

たとえば、上司の機嫌が悪いとき――

Aさん：「今日は部長の機嫌が悪いなぁ。奥さんと何かあったのかなぁ」

Bさん：「部長が朝から怖いなぁ。昨日提出した資料がギリギリになってしまったからだ……どうしよう……」

同じ状況でも感じ方が人によって違うのはなぜでしょう？

それは、私たちの感情が「ことがら」や「出来事」そのものによって決められるのではなく、私たちが身につけた特有の「ものの見方」や「考え方」から生じているからです。

つまり、自分の感じることは〝自分自身のもの〟であり、相手の感じていることは〝相手自身のもの〟ということを意味します。

この点を理解しないと、自分の感情と相手の感情の境界を曖昧にとらえ、その結果、不機嫌そうな同僚を見て気にしてしまったり、怒鳴り散らす上司を見て申し訳ない気持ちでいっぱいになったりします。

もしあなたが相手の感情の揺れに直面したときには、その場に居合わせた者として、相手の〝不機嫌〟や〝怒り〟を引き起こす刺激を与えたかもしれませんが、感情は相手が自分で起こしているものなのです。

不機嫌そうな同僚は自分で勝手に不機嫌になっているのだし、怒鳴り散らす上司も自分で勝手に怒っているのです。

ですから、相手の感情に対してあなたが責任を感じる必要はなく、また、責任のとりようもありません。相手の感情は相手の持ち物であり、どのように感じるかは相手次第だからです。

それと同時に、自分の感じたことに対し、相手に責任を負わせることもできないのです。

❖「自分のあるがまま」に世界を見ている

ある出来事が起こったとき、その出来事を肯定的に受け止める人もいれば、否定的に受け止める人もいるということは、言い換えれば、「私たちは世界をあるがままに見ているのではなく、私たちのあるがままに世界を見ている」ということです。

ですから、その受け止め方が現実的かつ柔軟であれば、他者とのかかわりはアサーティブになりやすいのです。

逆に、アサーティブのスキルを知っていても、考え方が現実的で柔軟でなければ、それを活かしきれません。自分の考え方の中に、非合理的な思い込みがあって、アサーティブになることを阻んでいないかどうか点検することが大切です。

「○○であってはいけない」と自分を縛る「思い込み」

会議の席でみなと違う意見を言い出せない、早く帰りたくても残業を引き受けてしまう——。

このような対応をしてしまう心の中には、「自分の意見を主張するのはわがままだ」「他者を優先すべき」という考え方があり、それにとらわれていることが多いものです。

言いたいことを言わないで遠慮してしまうのは、「わがままではいけない」「でしゃばってはいけない」「目立ってはいけない」という禁止令で自分を縛りつけているから、と考えられます。

さまざまな環境や役割によって、固定観念や既成概念のめがねをかけてしまったと言えるでしょう。

非合理的な思い込みを具体的にいくつかチェックしてみましょう。

思い込み1　人を傷つけてはならない

人の気持ちを傷つける言動に対しては、強い抵抗を覚えるものですが、はたして他人を傷つけずに生きていくことは可能でしょうか？

それは無理です。こちらが相手に伝えたメッセージが相手を傷つけることを目的としていなくても、相手が傷ついてしまうことがあるからです。ただの情報として伝えた事実が相手を傷つけてしまったり、ほめたつもりの言葉が相手の反感を買うことさえあります。「Dさんは今度、昇進するらしいですね」と単なる事実を先輩に伝えたとしましょう。たまたまその情報を受け取った先輩が、Dさんをライバルとして考えているとしたら、先を越されてしまったことを知り、落胆するでしょう。

相手のことを知り尽くしていれば、この情報を伝えると相手は傷つくだろうという予測はつきますが、他者の事情をすべて知ることなど現実には不可能です。

「人を傷つけないほうがいいが、ときには傷つけてしまうこともある」と考えることが、最も現実に即しています。

傷ついた相手が事情を話してくれたら、素直に謝り、今後の行動で繰り返さないようにすればいいのです。相手を大切に思うあまり、自分の気持ちを表現しないことは、自分自身を軽んじていることになります。

思い込み2　失敗してはならない

〝結果が出なければすべて無駄〟〝失敗は許されない〟という考え方に縛られていると、失敗をしないように用心深くなり、積極的にチャレンジしたり、新しいことにかかわることができなくなります。

現在のように、環境がめまぐるしく変化する社会では、〝仮説と検証〟というビジネス用語の通り、仮説を立て、計画し、行動を起こしてみないと判断のしようがないことばかりです。

仮説を立てる段階で最適案を捻出する努力は当然のことですが、もし仮説が間違っていたのであれば、次は別の仮説を立てるか、組み合わせるか、あるいは計画を変更する、などの手を講ずればいいのです。

思い込み3　人に好かれなければならない

人に好かれたい、受け入れられたいという欲求は誰にもありますが、それを絶対視すると、相手から嫌われたり、拒否されることがないようにふるまい、自分の意見や気持ちを隠して相手の意に沿うようになります。

相手に合わせて行動するので、相手次第で対応が変わることになり、その結果、自分の気持ちを表現できないばかりか、自分の価値観を確立することができなくなります。

あなたがすべての人を好きになったり、受け入れたりすることができないように、すべての人から受け入れられるのも不可能なことです。

他に、

- 自分よりも他者の要求を優先すべきだ
- 人の依頼を断るべきではない
- 人には親切にすべきだ
- 人の期待は裏切ってはならない
- 人に迷惑を掛けてはならない

などの思い込みが考えられます。

気づきのノート

日頃の自分を振り返ってみよう

さまざまな立場の人に、肯定的感情・否定的感情それぞれをどのくらい表現できますか？

非常に難しい＝3　難しい＝2　ある程度表現できる＝1　全然抵抗がない＝0

相手	肯定的感情や気持ちの表現度	否定的感情や気持ちの表現度（例：反対意見／〜はできません）
上司・先輩		
部下・後輩		
同僚		
お客様		
夫・妻		
父親		
母親		
自分の子供		
姑		
親しい人		

自分の考え方の癖を知ろう

空欄にどのような言葉が浮かびますか？

(思いつかない項目は書かなくて結構です。すぐに思いつく項目を書いてください)

人は、	であるべきだ。
上司は、	であるべきだ。
リーダーは、	であるべきだ。
部下は、	であるべきだ。
同僚は、	であるべきだ。
男性は、	であるべきだ。
女性は、	であるべきだ。
親は、	であるべきだ。
夫（妻）は、	であるべきだ。
子供は、	であるべきだ。

気づきのノート

自分に言い聞かせている癖を知ろう

①上司や同僚から批判されたり、注意されたときに、あなたがよく考えたり思ったりすることは、何ですか？

②自分の気持ちや意見を言いたいときに、自分がよく思ったり、考えたりすることは、何ですか？

③職場で意見が合わないときや自分の考えに反対されたときに、あなたがよく考えたり、思ったりすることは、何ですか？

④断りたいときに、あなたがよく思ったり、考えたりすることは、何ですか？

⑤あなたが人に依頼したいときに、よく思ったり、考えたりすることは、何ですか？

⑥あなたが間違いや失敗したときに、よく考えたり、思ったりすることは、何ですか？

⑦物事を自分で判断したり、決定するときに、あなたがよく考えたり、思ったりすることは、何ですか？

⑧あなたが、もっとこうであったらいいのにと、よく思うことは、何ですか？

⑨では、どのような場合だと、自分の気持ちを表現しやすいですか？

私の抵抗度

次のような考え方や行動をとることについて、どの程度、抵抗がありますか？　下記の基準で点数化してみましょう。

(まったくない＝0、ある程度ある＝1、非常にある＝3)

①自分が知りたことについて、いろいろ質問したり確認したり、尋ねたり聞き出すこと　(　　)

②自分の希望や意見や信念を表現すること　(　　)

③自分は、当然周囲から大事に扱われるべきであると考えること　(　　)

④自分の望むような方向で物事を決定したり、選択をすること　(　　)

⑤こうありたいと思うような方向に自分を変えること　(　　)

⑥自分の要求や欲求を依頼すること　(　　)

⑦人のこともさることながら、自分の幸せを大事にしたいと思うこと　(　　)

⑧自分のしたいように自由に生きること　(　　)

⑨人からの依頼に対して断りを言うこと　(　　)

⑩人と違う意見や考えを述べること　(　　)

思い込み4　〝役割〟に関する思い込み

思い込みには、〝役割〟にとらわれすぎたために起こるものもあります。あなたに該当する思い込みは見当たりませんか？

上司：「上司は常に部下をリードしなければならない」「リーダーは常に部下をリードしなければならない」

集団：「集団の決まりに従うべきだ」「自分勝手な言動は慎むべきだ」

性別：「女性が強く自立的であってはならない」「男のくせに涙を流すべきではない」

年齢：「子供は大人の言うことをよく聞き、口答えをしてはならない」「親は子供よりも物知りでなければならない」

家族：「人と争ったり、人のやることを批判するのは避けるべきだ」「家庭内のことをあけっぴろげに口外してはならない」

行動：「自分の要求よりも他人の要求を優先すべきだ」「常に穏やかに、謙虚でなければならない」

あなたのアサーティブを妨げているもの

①あなたの中に、"上司が上で部下は下""男性が上で女性が下"という感覚はありませんか。それがどのような状況のときに現われ、あなたを不自由にしますか？

②"上司らしさ、部下らしさ""男らしさ、女らしさ"を表現する言葉を5つずつ書いてください。

上司らしさ	部下らしさ	男らしさ	女らしさ

③あなたのイメージする"上司らしさ、部下らしさ""男らしさ、女らしさ"は、本当にあてはまるものでしょうか。60ページのアサーティブ権なども参考に吟味してください。

レッテルを貼っていないか

レッテルとは断定的な評価のことで、自己表現への衝動や行動を妨げるものです。自分を表現しようとする際には、乗り越えなければならない悪いレッテルに次々と直面します。未熟者、いばり屋、エゴイスト、冷たい、無神経、のろま、グズ、子供っぽい、ケチ、自己中心的、頑固、利己的、押しつけがましい、せっかち、面白くない、恩知らず、生意気、でしゃばり……など。

このような否定的なレッテルを自分に貼っていると、「申し訳なさそうな態度」や「低姿勢」をとりがちで、対等なコミュニケーションとはなりません。

〝よい〟レッテルも表現を妨げる

右にあげたものだけでなく、一般的に「よいと思われるレッテル」の中にも自己表現を妨げるレッテルがあるので、要注意です。

たとえば「うちのスタッフは、完璧（控えめ、よくできた女性……）で〜〜」などというのはほめ言葉ですが、それが固定されてしまうと、スタッフはイメージを壊すことに抵抗を覚え、はっきりと自分を表現することが妨げられるケースがあります。

レッテルは他人に貼るばかりでなく、自分自身にも該当するので、ときおり確認することをお勧めします。

厳しい条件を突きつけていないか

「相手が気さくな人だったら、自分を表現できる」
「境界線を引いてもいいと思ったら、自分を表現する」
——これは、私が自己表現できる状況の代表的な必要条件です。

❖「ほとんど自己表現しない」こともあり得る

私が実施したアサーティブ研修の中で「皆さんは、どのような条件の下であれば（どのような条件が整っていれば）、自己表現しようと思いますか？」と問いかけたところ、ある総務部長は、

「問題が重要なときであれば、自己表現できるんだけど」
「相手が感情的にならなければ、自己表現します」

と発表してくれました。その後、「問題が重要なとき」「相手が感情的にならなければ」という条件をあらためて考えてみると、「ほとんど自己表現しない」と宣言しているようなものだと、その総務部長は絶句し、いたく反省していました。

自分の気持ちを表現することが難しい、ノン・アサーティブ傾向にある人たちの多くは、アサーティブにかかわる前提として、多くの条件を設定し、その条件が整えば自己表現しようとします。

たとえば、

- 緊急性、重要性が高いのなら

- 他への影響が大きいと判断したら
- いい気分でいられるのなら
- 嫌われないとはっきりしているのなら
- 相手が親友だったなら
- 事実（事情）をすべて把握できているのなら
- 正解だとわかっているのなら
- すべての準備が整っているのなら
- 前例があるのなら
- 周囲が「間違っていない」と言ってくれるのなら
- 見通しが立つのなら

……など。

あなたがもしこのような条件を設定しているのなら、自己表現の基本である自発性ということが尊重されていないと言えます。

気づきのノート

あなたは、どのような条件が整っていたら、自己表現しようと思いますか？

□非常に重要なことであれば

□相手の気分を害さないとわかっているとき

□相手が受け入れてくれそうなとき

□仲間内なら

□嫌われないのなら

□現状に耐えられないとき、相手の行動がもう我慢できないとき（仏の顔も三度、堪忍袋の緒が切れる）→これは、攻撃行動になりやすい

□自分が正しいことがはっきりしているとき

□今後、会うことがなさそうな相手なら

□その他（上記を参考に）

可能性を閉ざしていないか

「どうせ自分の気持ちを表現したって……」

「きっと○○に決まってる」

と、自分を表現する前から、起こりそうもない否定的な結末を予測して行動できないことはありませんか？　これは行動しなくて済む言い訳を自分の中で再生している、とも言えます。

「この提案を上司に上げても、どうせ取り上げてくれないだろう」

そして、こう続けます。「でしゃばりだと嫌われるにちがいない」――と。

このキャッチフレーズは何度も繰り返され、表現の息の根を絶ってしまいます。

❖「ひょっとしたら……」「もしかしたら……」と可能性の扉を開く

たしかに不採用になるかもしれませんし、ごく一部が通るだけかもしれません。しかし、「どうせ……」という自問自答から、

「取り上げられなくたって、嫌われるとはかぎらない」

「もしかしたら、打開策が見つけられるかもしれない」

という考えに切り替えられたならば、そのときこそ、自己表現への第一歩を踏み出したと言えます。

「どうせ……」とすべての可能性を封じ込めず、「ひょっとしたら……」「もしかしたら……」と可能性の扉を開けてみましょう。

他にも、こんなことを考えていませんか？

- 相手に嫌われたらどうしよう……
- 地位を失うようなことになったら……
- 影響がすべて自分に降りかかったら……
- 反対されたら（賛成してくれなかったら）……

○批判されたら（拒絶されたら）……
○リーダーらしくないと非難されたら……
○相手のほうが詳しかったら……

自分を責めていないか

残念ながら日本の文化は、自分を批判する行為は奨励するのに、自分をほめる行為はあまり奨励しない傾向があります。

自分を高く評価すると「自慢している」「うぬぼれている」と疎まれるのに対し、謙虚な自己批判は称えられる傾向にあります。

その結果、幼いときから厳しい基準を自分自身に課すことを習慣にしてしまうのです。

❖自分をほめてエネルギーを蓄えよう

これは、四六時中、口やかましい批判的な人間につきまとわれ、一挙手一投足を批判者に監視されているようなものなので、自分を喜ばせたり満足させることはとうていできません。

自分を表現することに挑戦して、失敗するたびに自分を罰していれば、自己表現をあきらめてしまうのは目に見えています。

継続的に自分を成長させていくためには、自分を批判するばかりでは息切れしてしまいます。反省は重要ですが、後悔ばかりではエネルギーを消耗してしまいます。

小さな成功体験を実感して、次の目標を獲得する。そんな好循環を回すために自分をほめてエネルギーを蓄えましょう。

何が表現を妨げている？

「自分を表現することを妨げているのは何か」に気づくことが、否定的な言い聞かせを変えていく第一歩です。それには自分の行動を注意深くセルフモニタリング（自己観察）することです。時間をとって、あなたの自己表現を妨げているものを具体的に考えて書き出してみましょう。自己蔑視的なレッテルや非現実的なイメージ、厳しい必要条件や最悪の事態を想定していることに気づきましたか。自己表現のあとで、あなたは自分のしたことをほめますか？　もし自分自身を叱ったり、後悔する決まり文句があるのなら、それらも書き出してください。

悪いレッテル	
よいレッテル	
厳しい必要条件	
想定する 最悪の事態	
叱責・後悔	

築きのノート

自分を応援しよう！

56ページを記入したら、自己表現を妨げないような自分への応援メッセージを作成してみましょう。自己表現をしようとする前や自己表現をし終えたあとに、こころの環境を整えておくことはアサーティブであり続けるために大切なことです。

自己表現をはじめる前のメッセージ
自己表現を終えたあとのメッセージ

<例：自己表現をはじめる前のメッセージ>

- 緊張しても当然だ。それが新しいことをはじめるということなんだから！
- 完璧に話せなくてもいい。チャレンジすることに価値がある！
- 素直に率直に表現すればいい！
- いい人だと思われることが目的じゃない！

<例：自己表現を終えたあとのメッセージ>

- 相手の反応は期待通りではなかったけれど、一歩前進した！
- よくやった！　かなりの進歩だ！　次もその調子！
- 戸惑うのは当然だ。今までと違う自分なんだから！
- ドキドキをワクワクに変えていこう！

自分の気持ちを表現するのは「権利」

あなたが無意識のうちにとらわれている「受け止め方」をいくつかご紹介しました。どれほど無意識な思い込みに縛られているかを考えてみる、いい機会になったのではないでしょうか？

アサーティブであることは誰にでも認められている

そもそも、私たちには「自分を表現する権利」があります。アサーティブになる第一歩は、「自分を表現することは自分の権利」という、いわば基本的人権を認めることにあります。「人権」と聞くと、ずいぶん大ごとだと感じられるかもしれません。しかし、「あなたが自分の気持ちを表現すること」を制限する権利は誰にもないし、非合理な思い込みに縛られる理由もないのです。

また、次ページのアサーティブ権の一例をご覧いただいて「何をいまさら、当然のことじゃないか」と思う方もいるかもしれませんが、日々の忙しさの中で、社会の常識や役割意識に縛られているうちに忘れてしまっていることも少なくないように思います。

「アサーティブであることは誰にでも認められていること」を、ここでしっかりと理解してください。

また、アサーティブ権を自分自身に認めるということは、同時に相手にもこの権利があるということを認めることです。自分本位でわがままなあり方ではなく、公平で相手を大切にする関係づくりを目指すところから出発します。

アサーティブ権の一例を読んでいくうちに、なんとなく違和感を覚えたり、居心地の悪さを感じるかもしれません。もしも、あなたがそう感じたら〝I'm Not OK〟〝You're Not OK〟の態度（3章参照）があなたの根っこにある証拠です。

アサーティブ権の一例

▼自分には十分に価値がある

私たちは、誰でも希望や欲求を持っていいし、その希望や欲求は、他の人の希望や欲求と同じくらい大切にしてほしいと思っていい。そして、その希望や欲求を大切にしてほしいと頼んでもいいのです。

▼完璧でなくてもいい

私たちは神様ではないため、すべてのことを知ることはできず、責任を持つこともできません。「知らない」「わからない」「できない」というのは、恥ずかしいことではなく、知らなければ「次回は勉強しておきます」「明日までに調べてみます」と相手との関係を大切にする意志を伝えればいいのです。

▼自分を表現していい。変更してもいい

私たちは自分自身について最終決定権を持っています。自分がどのように感じ、どのよ

うに考え、どのような行動をとるかについて、判断していいのです。

自分の感じ方や考え方は自分のものであり、相手と同じ感じ方や考え方をしなければならないということはありません。それを主張してもいいし、変更してもいいのです。

▼表現しなくてもいい

「自分を表現してもいい」一方で、自分の意見を主張しなくてもいいのです。〝言いたいけれど言えない〟のではなく、〝言えるけれども言わない〟選択をすることもアサーティブなあり方なのです。

▼間違いや失敗をしてもいい。責任をとってもいい

人は誰でも不完全な存在なので、全力を尽くしても失敗は起きて当たり前です。失敗の責任をとることは、義務として強制されるのではありません。失敗を糧として取り戻すチャンスが与えられ、それらを通して学ぶことが認められています。

▼NOを言ってもいい

関係性を大切にする文化に育った私たちは、「できません」「無理です」「お断りします」

「嫌です」と切り出すことに心理的な抵抗を覚えがちですが、できないこと、やりたくないことに〝NO〟と言ってもいいのです。

▼相手に要求をしてもいい。欲しいものを望んでもいい

望んだものが手に入るとはかぎりませんが、自分を犠牲にして自分の安全を確保するようなことばかりせず、自分には欲しいものがあると考えてもよくて、そして、それを要求してもいいのです。

▼周囲の期待に応えなくてもいい

常に人の期待に反することをする、という意味ではなく、人から何かを期待され、それを察することができたとしても、必ずしもそれに応えなければならないわけではありません。

3章

「思い込み」から抜け出そう！
アサーティブになるための思考レッスン

自分も相手も〝OK〟

前の章で、なぜ言いたいことを伝えられないのか、「無意識のうちに自分を縛っている〝思い込み〟」についてお話ししました。

では、〝思い込み〟にとらわれない考え方とはどのようなものでしょうか。

人の期待を裏切ってはならない

→人の期待を裏切ることがないにこしたことはないが、それが悪いこととはかぎらない

人を批判するのは避けるべきだ

→自分が正しいと思うことを表現した結果、人を批判することになっても仕方がない

❖自分と他人に対する4つの態度

このような考えをTransactional Analysis（交流分析）という精神療法では「I'm OK」と呼んでいます。

「OK」か「OKじゃない」かを「自分」と「相手」にあてはめると、次ページのように4つに分類することができます。

横軸には「私」を思い描き、右側は「I'm OK（私はOK）」、左へいくほど「I'm Not OK（私はOKではない）」を意味します。

縦軸には「相手」を思い描き、上側は「You're OK（あなたはOK）」であり、下へいくほど「You're Not OK（あなたはOKじゃない）」としています。

すると、次の4つの領域、生き方に対する4つの基本的態度があることになります。

「I'm OK & You're OK（私もOK、あなたもOK）」
「I'm Not OK & You're OK（あなたはOK、でも私はOKじゃない）」
「I'm OK & You're Not OK（私はOK、でもあなたはOKじゃない）」
「I'm Not OK & You're Not OK（私もあなたもOKじゃない）」

自分と他人に対する4つの態度

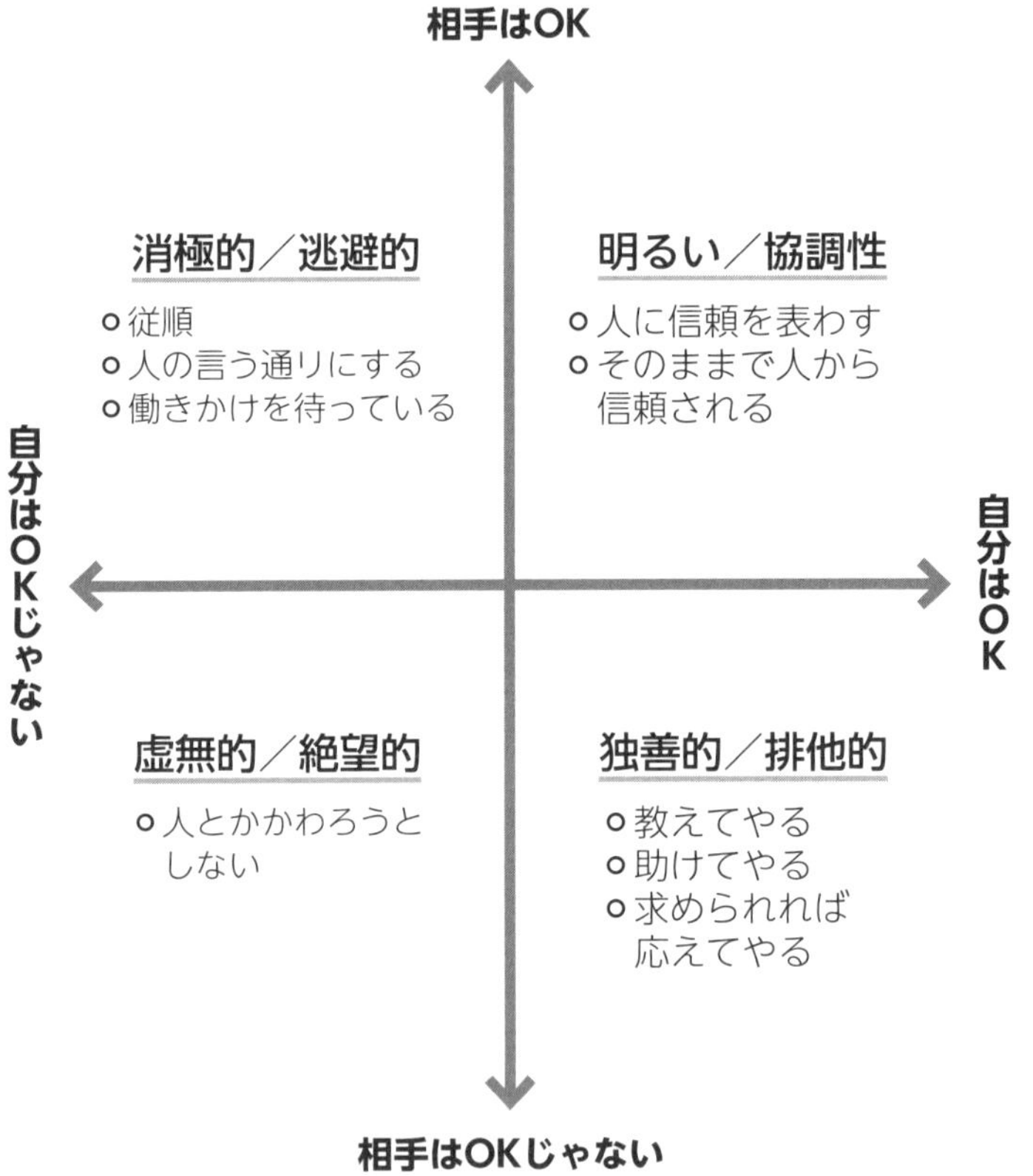

※OKとは、安心感がある、愛されている、生きている価値がある、正しい、強い、役に立つ、優れている、など。
OKでないとは、愛されるに値しない、無知である、のろまである、失敗する、何をやってもダメ、劣る、など。

誰もが多かれ少なかれ、4つの態度のすべてを持ち合わせているのですが、人によっていずれかひとつが強く現われるものです。

アサーティブになるには、「I'm OK & You're OK（私もOK、あなたもOK）」という態度をもつ必要があります。

自分を信頼する——I'm OK

アサーティブになるためのはじめの一歩である「I'm OK」とは、「自分を信頼する」という意味です。

「自分には欠点や短所もあるけれど、それをひっくるめてこの自分を、自分なりに大切にしていこう。この世に自分という人間はひとりだし、他にとって替わることのできないかけがえのない存在なのだから」

といった感覚のことです。

これは、自分を過信してうぬぼれるとか、「何ごとも強気で取り組みさえすればうまくいく」と考えることとはまったく異なります。

むしろ「自分には何ができ、何ができないか」「自分の得意なことは何で、苦手なことは何か」など、自分で自分を理解すること、また理解していこうという基本姿勢を指します。

❖自分の得手不得手を知れば、対処もできる

たとえば、誰でも新しい仕事や困難な課題に立ち向かうときには不安や心配、期待、気負いなどいろいろな感情を抱きやすいものですよね？

あなたが人事部に所属しているとしましょう。入社以来5年間、人事畑を歩いてきて、突然「営業部に異動してくれ」と言われたら、不安や戸惑い、期待が入り混じった気持ちになるのではないでしょうか。

そんなとき、自分をよく理解していれば、不安や心配に対処するにはどうしたらいいかを現実的に考えやすくなります。

人事部では、上司や経営陣に提出する書類を毎日、山のように作成していた。だから、

営業部でも資料や報告書の作成は楽にこなせるだろう。

しかし、お客様との商談の雰囲気には不慣れだ。まずは担当する顧客の情報をもらえるよう、同僚に依頼してみよう、プレゼンにも自信がないから、練習してから上司にチェックしてもらえるように頼もう。

こんなふうに、もし何か必要な手立てがあればそれを実行するように動き、周囲に助けを求める必要があれば援助を頼むという具合に、行動もとりやすくなります。

❖自分を理解していないと合理的な手立てがとれない

しかし、自分を理解していなければ、心に不安など一切ないふりをしたり、あるいは不安に圧倒されて、自分自身が全面的にダメな人間であるかのように思い込みがちです。

そうなると、現実的、合理的な手立てがなかなか考えられなくなったり、周囲に助けを求めることはダメな自分をさらけ出すようで怖くてとてもできない、ということになってしまうでしょう。

人に事情を話し、助けを求めるというアサーティブな行動がとれないと、苦しさを募らせるだけでなく、土壇場で仕事や課題をキャンセルするといった事態も生じかねません。

「自分には得意なこともあるけれど、不得意なこともある」というアサーティブな態度でいれば、自分が置かれた状況や自分の素直な気持ちを確かめることができるので、ますます自分を深く理解できるという好循環も生まれます。

一方、自分をよく理解していないと、「相手に何を言いたいか」がいつももやもやとしたままになりがちです。そのせいでアサーティブに行動したくてもできず、「どうせ自分はわかってもらえない」と自分を卑下しやすくなります。

自分を理解していないのでアサーティブになれない、アサーティブになれないから、ますます自分がわからなくなってしまう、そして、相手とのよりよい関係を築けなくなり、さらには自分を信頼することを阻害してしまうのです。

自分を信頼して相手も信頼する——I'm OK & You're OK

アサーティブになるための2つ目の条件は、「相互信頼」です。先ほどご説明した「I'm

OK」が自己信頼で、相互信頼とは「I'm OK & You're OK」と表現できるものです。

アサーティブな言動が、自分の言いたいことだけを言って相手のことを気に掛けないという姿勢とはまったく異なるものであることは、先に述べました。

また、こちらがアサーティブでいさえすれば、当然、相手が望ましい反応を返してくれるはずだと決めつけるのも、相手の気持ちや考えを尊重していないので、アサーティブとは言えません。

相互信頼とは、

「私は私なりに自分の言いたいことをあなたに伝えていくし、あなたもどうぞ、そうしてください。あなたの表現（考えや気持ちなど）を私なりに大切にし、やりとりを重ねていきます」

という姿勢を意味します。

❖自分が「何をどう語るか」だけではない

アサーティブというと、どうしても「何をどう語るか」という、語る側に注目が置かれがちです。

しかし、「相手の表現も大切にしよう」「相手の言いたいことを理解しよう」と、相手のこころの窓を開く努力をしながら話を聴くことも、アサーティブな関係を築く上で大切な働きをしています。

いわば〝積極的傾聴〟（Active Listening）が、アサーティブになるために重要だと言えます。

アサーティブとはその場のやりとりだけを重視するのではなく、よりよい関係をつくっていこうという、長期的なありようも重視しています。

コミュニケーションには「葛藤」も「対立」もある

相互信頼を築く上でもうひとつ大切なことは、コミュニケーションには葛藤や対立がつきものだという覚悟を持つことです。

価値観も役割も立場も違う職場の中で、意見や考え、気持ちなどが最初から一致することのほうが確率からいっても稀です。違いがあるからダメなのではなく、違いをもとに折り合いをつけたり、歩み寄っていく関係を築くことが大切なのです。

❖交渉での対立・食い違いは当たり前

葛藤や対立はいけないことだと思い込んでいると、自分の気持ちを素直に言えなくなります。

また、相手のアサーティブな言動にも、「あの人はみんなが同じ方向でまとまろうとしているのに、ひとり違ったことを言ってへそまがりだ」とか、「私のせっかくの好意を無にするなんて、無神経な人だ」ととらえやすくなります。

交渉には葛藤や対立、食い違いはつきものだと思っていると、いい意味で気軽に交渉しやすくなります。相手の言い分にも耳を傾け、どこまでなら自分が譲歩できるか、よりよい解決策はないかと探索することは、相手もその人なりの意見や考えを持つ、一個の人格であるという相互信頼に基づいた行動です。

自分のいいところを知る

「自分を信頼し、相手のことも信頼する」——そのように言うのは簡単ですが、実際にそうふるまうのは容易ではないかもしれません。

一般的には、自分を肯定的に見ることは〝うぬぼれている〟〝調子に乗っている〟と言われがちなので、自分を尊重するよりも、謙虚で控えめなことを優先し、自分を否定的に見てしまいがちです。

❖自分を認めなければ他人も認められない

でも、自分自身を認められないのに、他の人を認めることは難しいのではないでしょうか。また、自分自身を好きになれない人を、他の人が好きになってくれるでしょうか？

自分を信じると書く〝自信〟、自分の周囲の世界に対する自信は、自分を肯定的に見ることから派生するものと考えて、まずは自分を信頼する、自分を認めるためのレッスンをしてみましょう。

あなたの好きな点、嫌いな点は？

「自分の長所と短所を5分書き続けてください」とお願いすると、大半の方は、自分の欠点や短所などの嫌な部分、好きになれないところばかりを書きあげます。ときには照れくさそうに長所を書いたり、溜息すら聞こえてきます。「自分を信頼する」という観点から見ると、残念な結果です。

次ページにある「肯定的な言葉の例」を参考にしながら、遠慮することなく、あなたのよさを存分に書き綴ってください。

あなたの長所・強み	あなたの短所・弱み

肯定的な言葉の例

柔軟性がある	謙虚	ユーモアがある
愛らしい	倹約的	問題解決力がある
有能	対応が速い	適応能力がある
健康	ベストを尽くす	ものごとに厳密
マメ	物静か	率直
能率的	知的	社交性に富んでいる
正直	ものごとに自信がある	愛情深い
きれい好き	おっとりしている	リーダー的存在
客観的	思いやりがある	利他主義
他人と協力できる	感性が豊か	寛大
足ることを知っている	陽気	多才
時間厳守	語学力が優れている	緻密
生活を楽しんでいる	信念がある	人をありのまま受け入れる
誠実	手先が器用	整理整頓している
人をむやみに非難しない	熱狂的になれる	集中力がある
責任感がある	良心的	人間味がある
人の信頼に応えられる	最後までやり抜く	自然のすばらしさがわかる
時間やお金に寛大	プロの誇りがある	愛情を素直に表わせる
親切	自然な明るさがある	雰囲気を柔らかにできる
開放的	共感できる	話し上手
まずやってみる	新しい情報に詳しい	聞き上手
誰とでも気軽に話せる	公平である	のびのびとしている
自分なりの見方を好む	好奇心に富む	一本気
個性的	責任がとれる	洞察力がある
笑顔を惜しまない	創造性がある	気持ちのバランスがとれる
人から信用されている	向上心がある	臨機応変
友好的	人から信頼してもらえる	経験が豊富
芸術的	礼儀正しい	現実的
働き者	相手を許し、恨まない	がんばり屋
楽天的	魅力的	イキイキしている
幅広い知識がある	優しい	容易に落ち込まない
明確に表現できる	穏やかな口調で話す	人に任せられる
几帳面	機知に富む	

アサーティブな自分づくり――目標を描こう

自分のいいところに気づくことができたら、次に重要なのは「目標設定」です。自分を変えることは、旅行のプランを立てるようなもの。駅のホームに立ったとき、北へ向かうのか、南へ向かうのか、特急が最適なのか、各駅でゆっくり移動するのか――それらを決定づけるのは、いつまでにどこへ行くのか、という目的地を決めることです。

❖求めるものがわからなければ、手に入れられない

旅行と同様、アサーティブになる場合も、自分が現在どこにいるのかを確かめ、行きたい場所を決め、どのようにしてたどり着くのかを検討すると効果的です。

まず、あなたが何を求めているか、それをはっきり知る（自覚する）ことがアサーティブへの第一歩です。知らないものを手に入れることはできないからです。

3章 「思い込み」から抜け出そう！ アサーティブになるための思考レッスン

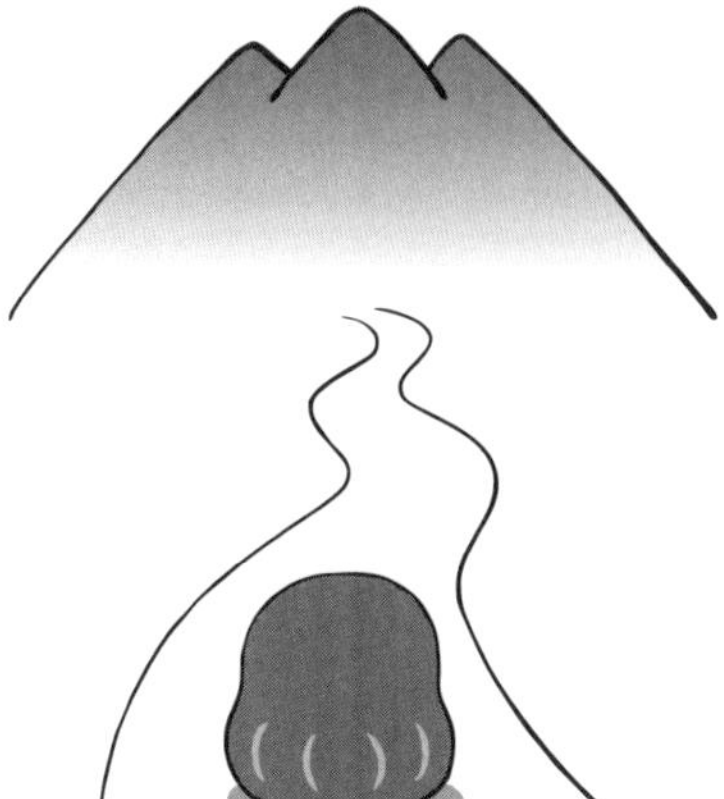

パターンを明確にしよう！

「アグレッシブ／ノン・アサーティブ／アサーティブ／間接的な攻撃」の4つの状況を仕事上の対人関係の場面で振り返ってみましょう。どのようなときにアサーティブにふるまうことができますか？

[上司／先輩]
[同僚]
[部下／後輩]
[取引先]
[お客様]
[会議・ミーティング／プロジェクト]
[その他]

ノン・アサーティブになってしまう場面や状況はどのようなときでしょう？　その中から、特にアサーティブにかかわりたいと思っていることを列挙してみましょう。

[上司／先輩]
[同僚]
[部下／後輩]
[取引先]
[お客様]
[会議・ミーティング／プロジェクト]
[その他]

気づきのノート

パターンを明確にしよう！

間接的な攻撃をしてしまう場面や状況はどのようなときでしょう？　その中から、特にアサーティブにかかわりたいと思っていることを列挙してみましょう。

[上司／先輩]

[同僚]

[部下／後輩]

[取引先]

[お客様]

[会議・ミーティング／プロジェクト]

[その他]

アグレッシブになってしまう場面、なりやすい場面や状況はどのようなときでしょう？　その中から、特にアサーティブにかかわりたいと思っていることを列挙してみましょう。

[上司／先輩]

[同僚]

[部下／後輩]

[取引先]

[お客様]

[会議・ミーティング／プロジェクト]

[その他]

あなたがアサーティブにかかわる場面づくり

❶「気づきのノート」で取り上げた場面の中から、比較的容易なものから取り組んでみましょう。アサーティブにかかわっていきたい相手とその状況は……？　リストアップしてみてください。

❷なぜ、その人とはアサーティブにかかわれないのでしょう。

❸まずは誰と、どのような状況をつくりたいですか（容易な順から）。

❹あなたのアサーティブ目標を描いてください。

どうなりたい？　目標が自分をつくる——SMARTモデル

なりたい自分づくりに成功するかどうかは、あなたに明確な目標があり、目標達成には何が必要かわかっている、ということにかかっています。そしてその目標は、こころの底から湧き上がってくるもの、つまり「私は〜したい」と強く感じるものでなければなりません。

ただ、漠然と「〇〇したい」と思うだけではうまく目標を設定することができません。次ページにあげる「ＳＭＡＲＴの視点」を意識すると、具体的な目標を設定しやすくなります。

SMARTの視点

S：Specific	具体的に記述すること。単に「うまくやろう」と意識するのではなく、どのようにやればうまくできるのか、具体的に記述することです。
M：Measurable	測定可能であること。できばえを測定できなければ、やったことの評価も、さらなる向上もあいまいなものになります。目標は観察することができ、しかも測定することができなければなりません。
A：Attainable	到達可能であること。最初から到達できそうもない高度な目標をかかげても、遂行意欲を減退させるだけです。ただし簡単に実現できるものではなく、少し背伸びをすることで実現できるような、チャレンジ精神を奮い立たせるような程度の目標であることが重要です。
R：Relevant	ありたいことに関連していること。ありたいことに関係のない目標は意味がありません。小さな成功体験を繰り返すことで自信が芽生え、その自信がさらなる目標や改善行動への弾みをつけてくれます。
T：Trackable	追跡可能であること。取り組み経過や自己の成長過程を把握することは、とても大切なことです。そのためには中間目標を設定して、成果が頻繁に確認できるようなかたちを整えておく必要があります。

潜在意識を味方につける――やる気をあと押しするアファメーション

❖否定的な〝プログラミング〟がなされている

興味深い話をご紹介します。

心理学者のシャド・ヘルムステッター博士によると、私たちは生まれてから成人するまでの間に、なんと14万8000回もの否定的な言葉を周囲の人やメディアなどから聞かされているそうです。

その一方で、積極的な言葉というのはそれほど多く耳にする機会はありません。仮に耳にしていたとしても、その数は否定的な言葉と比較すれば、圧倒的に少ないと言っても過言ではないでしょう。

このように否定的な言葉を何百回、何千回と聞かされているうちに、私たちの潜在意識に「できっこない」「無理だ」という、行動を抑制する否定的な〝プログラミング〟がなされてしまうのです。

それを証明するような出来事をお話ししましょう。私の顧問先の会社で実際にあったことです。

外から帰ってきた営業マンが「あぁ疲れたぁ」と毎日のように繰り返し言っていました。あるとき社長が「疲れた、疲れたと言うと周りもますます疲れるから、今日からは『あぁよくがんばった。今日もよく働いた！』と言ってみよう」と提案しました。

「今日もよく働いた」と言うようになってしばらくすると、次第にこの会社は〝よくがんばる〟〝よく働く〟という肯定イメージが職場にインプットされ、同業他者が業績悪化で苦しむ中、気分が高まり順調に成長を続けています。

❖言葉は大きな力を持つ

「言葉を変えるだけで結果が変わるなんて、そんな魔法のような……」と思われるかもしれませんが、言葉はそれだけ偉大な力を持っているのです。

「アファメーション（affirmation）」という言葉を辞書でみると、「断言、確認」とあります。この事例が示しているのが、まさにアファメーションの効果です。肯定的な言葉を「断言する」ことによって、自分の言葉を自分の耳で「確認する」ことになり、徐々にその肯定的な断言（アファメーション）が潜在意識に浸透していき、実現しやすくなるのです。

アファメーションを言い続けていると、私たちの潜在意識は、アファメーションを現実のものだと思うようになります。すると、潜在意識の力は無限の力となり、現実にも同じ結果が起こるようになるのです。

自分の潜在意識を味方につける方法を手に入れると、よりよい結果を手にしやすくなりますから、次にあげる「効果的なアファメーションのつくり方」を参考に、実践してみてください。

効果的なアファメーションのつくり方——肯定的な自己宣言

アファメーションはあなたの人生の目的地を指し示すナビゲーション・システムです。曖昧にしたり、解決策をほのめかすだけだと効果がありません。

アファメーションをつくるときには、望ましい結果がすでに実現したかのように現在完了形で断定することが重要です。

無意識に定着して習慣になっている考え方を「意識」で変えようとしても、なかなか変えられるものではありません。

「今日から前向きになろう！」とか、「自分はできる！」と思っただけでは、一時的に前向きになっても、すぐに習慣的な考え方に戻ってしまいます。

❖アファメーションのポイント

❶繰り返す

潜在意識に刻み込まれた習慣的な考え方を変えていくためのキーワードは〝繰り返し〟です。私たちの潜在意識を変えるには、何度も何度も繰り返すこと、そして、反復することです。

❷現在完了形で

「今までよりうまく～できます」というような表現は、過去にできていなかったことを含んでいて、「～できるようになります」という表現は、今はできていないという意味合いになるため、「～できている」「～できる」と現在完了形で宣言します。

たとえば、「お金持ちになる」「お金持ちになりたい」という言葉を聞いた潜在意識は、「今はお金持ちではない自分」をイメージしてしまい、イメージした通りの自分（お金持ちではない自分）を維持しようとします。潜在意識は、すべてのことを現在のこととして受け取るため、「健康になるぞ」「健康になりたい」と宣言すると、「今は不健康なんだな」

と、ネガティブな面を受け取ってしまうのです。

❸肯定的に

「～しない」という禁止令ではなく、「～したい」と望んでいる状態を表現します。「私はグチを言わない」というフレーズを聞くと、「グチ」という言葉から「グチを言っている自分」をイメージしてしまいます。

たとえば私が「梅干しのあのすっぱい場面を思い出さないでください」と言ったとすると、あなたは、あの「すっぱい梅干し」を連想し、口の中につばを溜めてしまうことでしょう。

潜在意識は、「私は前向きなことを言う」と宣言すると、「前向きな言葉を発する自分」をイメージします。ですから、「私はすぐにカッとならない」と宣言するのではなく、「私は冷静に対処している」と宣言します。

❹明確に

「～するように努力します」ではどのくらい努力するのかが曖昧です。「～します」と具体的に言い切りましょう。

❺「私は」という主語を入れる

❻完結させる

「だんだんと〜します」でははっきりしないため、望みがもうすでに実現したかのように表現します。

❼すでに実現されたものとして考える

すでに実現されたものとして、スクリーンに映し出された映像のようにありありと思い浮かべます。

❽ビジュアル化する

理想の自分が実現した姿を想像し、感じ、味わいます。

❾1回限りでなく、何度も何度も理想とするイメージを思い起こす

4章

言いにくいことでも
素直に表現し、伝えよう！
アサーティブな話し方レッスン

できないこと、やりたくないことに〝NO〟と言ってもいい

これまで「なぜ気持ちを伝えられないのか」「自分の受け止め方を変える方法」についてお話ししてきました。

ここからはいわば実践編です。言いにくいことを伝えるには、どんな話し方をしたらいいかについて説明していきます。

そもそも、私たちはなぜ「できません」「無理です」「お断りします」「嫌です」と切り出すことに心理的な抵抗を覚えてしまうのでしょうか。なぜ、〝NO〟と言えないのでしょうか。復習をかねて考えてみましょう。

①自分が相手の立場だったら、NOと言われると困ってしまう
②相手に嫌われたくない。悪く思われたくない
③自分が何か依頼をするときに、NOと言われたくない

④ＮＯと言うと、相手の存在そのものを否定してしまうような気がする

⑤依頼されるのは、自分が頼られているということなので断りにくい

〝ＮＯ〟と言わない場面には、２種類あるようです。

ひとつは「相手との関係に対して」です。相手との距離感や関係性によっては、「ＮＯを選びたい気持ちもあるけど、この場合はＹＥＳにしよう」というケースで、右の①〜⑤なら、①と⑤が当てはまります。

もうひとつは、「内容に対してＮＯが言えない」場合です。①から⑤のうち、②③④のようなケースです。

❖「ＮＯ」と言えるけれどあえて言わないケース

「相手との関係に対してＮＯと言わない」ケースとは、たとえば、いつも周りのみんなの仕事をサポートしてくれる人から「急用ができてしまって、今日の打ち合わせに出られなくなった。申し訳ないけど、代わりに出席してもらえないかな？」と頼まれるような場面です。

あなたにはその日予定があって、17時開始の打ち合わせに出るには約束をキャンセルしなければなりません。

相手は「無理に」という言い方ではないのですが、「いつもお世話になっているから」と思って出席をOKする。

この場合のように、NOと言う権利があることを十分に理解しながら、YESを選択したのであれば、断ることよりも相手との関係を大切にしたのですから、これも立派にアサーティブなふるまいです。何よりも、日頃からNOと言っても壊れない人間関係をつくることが大切です。

問題なのは、2つ目の「内容に対してNOが言えない」場合です。このように感じてしまうのは、「〇〇すべき」という思い込みに縛られているのです。

自分の用事なんて重要じゃない、疲れていたってがんばればできる、と自分の本音を建て前で説き伏せようとしてしまい、そんな自分に対してNOが言えません。

でも、これまでもお伝えした通り、「疲れているんだから、無理しなくてもいい」と自分の本音を受け止めたり、「できるかもしれないけれど、したくない」と、「NO」と言ってもいいのです。

怒りに変わる前に表現しよう

「NO」と言ってもいい、ということを繰り返しお伝えしてきましたが、むしろ「NO」を表現することは必要不可欠、と言っても過言ではありません。

ある人は、日頃からネチネチと嫌味を言う上司に反論できず、長い間、上司への怒りを溜め込んでいました。そして、ある酒の席で、酒の力を借り、それまでの上司への不満を一挙にぶつけてしまったのです。その結果、地方への異動を命じられてしまいました。酒から覚めたあと、すでに手遅れになってしまった言動に後悔し続けたようです。

不満は〝小出し〟に吐き出す

不満を一挙にぶつけずに小出しに感情を吐き出していれば、このような結果にならずに済んだのではないでしょうか。だからこそ、怒りのレベルが弱い段階で相手に伝えることが必要なのです。

怒りは放っておくと、激怒、復讐へとどんどんエスカレートします。小出しに吐き出していれば、自分自身が相手に何を言いたいかを自分で把握しやすく、冷静に伝えることができます。

また、小出しの表現のほうが相手にもこちらの言いたいことに耳を傾けてもらいやすいと言えます。

「NO」を表現しよう！

NOを伝えるときに注意したいのは、まず、唐突に「できない」「嫌だ」と言わないことです。

「事情は理解できますが、賛成できません」「誘っていただいて嬉しいのですが、今夜はご一緒できません」というように、NOの前にひと呼吸おくような枕詞をつけることが大切です。

「〇〇なのでできません」と理由を伝えることによっても、相手の受け止め方は大きく変わります。

たとえば、上司が残業を依頼してきたときに、「今日は残業できません」ということを伝えたいのなら、率直に伝えてみます。

「すみません。今夜は約束がありまして、どうしても残業することはできないんです」

❖「NO」と言って終わりではない

さぁ、上司はどのように対応するでしょうか。「君は融通が利かないな」と突き放されるとドキッとしますが、誠意を込めて事情を説明すれば、「しょうがないなぁ」と納得してもらえることでしょう。

しかし、「今日はどうしても手伝ってもらいたい仕事があるんだ。急に社長から〇〇の資料を提出するように依頼されてしまってね」と言われたらどうしますか？

「それほど重要な案件であれば、そちらを優先したほうがよさそうだな」という気持ちにあなたが切り替われば、「NO」を翻して「YES」に変えてもいいのです。あなたがどうしても自分の急ぎの用事を優先しなければいけないのであれば、「申し訳ありません。私もとても大切な用事なので、取り止めるわけにはいかないのです。明日の朝、2時間前に出社してお手伝いさせていただくということでいかがでしょうか。そうしていただけると助かるのですが」などと代案を提案することもできます。

「NO」と言って終わりになるのではない、ということも覚えておいてください。

❖「NO」はよりよい関係であり続けたいからこそ使う

大切なことは、「NO」と言うことは「相手の要求」を拒否しているのであり、「相手」を拒絶しているわけではない、ということです。相手と今後もよい関係を続けていきたいからこそ、「NO」を伝える必要があるのです。「NO」は相手と自分に誠実でありたいからこそ用いる言葉なのです。

他者からの「NO」に「YES」でいよう

前と逆のパターンです。あなたが他部署に応援を依頼したところ、相手は「申し訳ない。応援したいのはやまやまだが、クレームの対応で忙しくてどうにもならない」と、応援に対して「NO」という返事でした。

❖自分が軽視されたわけではない

相手が「YES」と言えば、ものごとがすべて丸く収まって、「NO」であれば、うまくいかなくなってしまうと考えていませんか？

「NO」と言うときは、相手がたまたまある部分で意見や都合が一致していないということを言っているだけであって、すべてが「NO」とはかぎりません。たまたまそのとき、二者間で一致しなかったというだけなのです。

「YES」の返事が返ってくれば、それに越したことはありませんが、「NOは残念だけれども、また次の機会に」――と、相手からの返事が「YES」であっても、「NO」であっても、どちらにも対応しようという気持ちでいられることが大切なのです。

あなたが「NO」と断られたからといって、あなたの存在が無視（軽視）されたわけではありません。

気持ちを伝えるときのポイント

ある特定の状況で、怒りを表現するのが適切なのか、それともそれを控えるべきかの判断をする際には、いくつかのポイントに留意する必要があります。

❶最終目標は？

ひとつは、自分が目指す最終目標を考えることです。

怒りを今ここで表現することと控えることでは、自分の目指す目的を達成する上で、どちらが適切なのかを検討することです。

たとえば、部下があることを実行するという約束をしていたにもかかわらず、その約束を守らなかったため、あなたが怒りを感じたとします。どうしても部下に約束したことを実行してもらおうと思えば、目の前の部下に対して直接、怒りをぶつけるのはよい方法とは言えません。

この場合、自分の欲求不満から生じる怒りの感情に焦点を当てるよりも、自分の目標に焦点を当てるのが賢明です。そして、たとえば「次からは、できないとわかった時点で、早々に相談に来てほしい。そうでないと、その後の段取りに支障が出るだろう」というように、こちらの立場を説明して、それがこちらにとってどのような意味を持つのかを伝えることです。

❷非難しない

言葉にするときには、相手を非難するような表現を使わないことが大切です。

素直に自分の怒りを表現したとしても、相手はそれを「非難された」と感じ、防衛的になるものです。この点に注意して、「決してあなたを責めているのではなく、〝今ここ〟での自分の気持ちに素直になっているだけです」ということをはっきりと伝えることが大切です。

❸改善したいのか、批判・糾弾したいのか

次に、相手を批判したり、糾弾したいのか、それとも状況をもっと改善したいのかどうかを考えましょう。もしも、状況を改善したいのなら、自分自身に素直になるように努めることです。そして、そうした自分の気持ちを相手に正直に伝えることです。

とかく私たちは、怒りのような感情については、自分の本当の気持ちをごまかしがちです。また、怒りをおぼえると、つい過去のことまで掘り返して怒りをぶつけてしまうところもあります。そのため、相手はうんざりして、むしろ「不当な扱いを受けた」という気持ちを持つだけに終わることが多いものです。

その結果、状況を改善するどころか、事態はますます混乱し、お互いに敵意を持つことになったり、あるいは怒ったことに罪悪感を持つことになります。

❹八つ当たりしていないか

また、八つ当たりをしていないかを考えることです。私たちは、日常生活の中で自分の

置かれている状況に不満であったり、ある人に対して怒りを抱いていると、それらの不満や怒りを別の人に対して向けてしまうことがありますが、そのような表現は、一時しのぎにしかなりません。そして、まったくなんの解決にもならないことは明らかです。怒りをぶつけられている相手との間で、ますます事態が悪化するだけです。

怒りの対処方法

「怒り」の感情は弱いうちに表現することが大切ですが、溜め込んで「強い怒り」になってしまった場合はどうすればいいでしょうか。

①自分がどんなに怒っているかを相手に話す

自分の怒りの感情を「たいしたことはない」と押し隠すのではなく、今の自分の気持ちを素直に表現します。自分にオープンになり、自己を開示します。

②リラクセーション法を身につける

心を静めるような音楽を聴くなどの方法も効果的です。

③運動によって怒りの感情をうまく和らげる

人によって、それぞれ自分に合った好ましい運動の方法があるため、自分に合うものを十分に練習し、使いこなし、心身ともにリラックスすることが大切です。

④表明するときには、怒っていることがらを明確に、かつ特定して伝える

自分の言ったことには、責任を持ちます。また、「お前は、どうしようもないヤツだな」などと相手の人格を非難せず、「私はあなたが遅れたことを不満に思っている」というように、相手の行為を指摘します。

⑤伝えるときには、自分の目標を達成できるように伝える

決して否定的な感情でもって、攻撃するような言い方をしないように注意します。

⑥はっきりと表明するのを恐れない

アサーティブな対応をするには、〝自分の感情を素直に表現する権利が自分にはあるのだ〟ということを、まず認識します。自分の不満や怒りを口にするときに、笑顔を見せるようなことはしません。笑顔を浮かべながら怒りや不満を口にすれば、そのメッセージは怒りを伝えることにならず、混乱したメッセージになるだけです。

⑦自分の怒りを表明するとともに、相手のことも気遣う

たとえば、「たしかに、緊急を要する用事があったことは理解できる。しかし、連絡くらいはできるだろうし、その連絡をする責任は君にあるんだよ」という具合に。

気づきのノート

怒りを溜めがちな場面を具体的に明記しましょう

それを怒りを表現しやすい順に並べ替えましょう

前ページの上位3つを

アサーティブに書き換えてみましょう

"Iメッセージ"で伝える

自分の気持ちや言いたいことを伝える際には、どのような点に気をつければいいでしょうか。実際に人と会話する際の注意点に目を向けてみましょう。

たとえば――

夕方になって上司から「この仕事、明日が締め切りだから」と言われてしまったものの、あなたには緊急の仕事がすでに入っています。

「前もってわかっていたのなら、もっと早く言ってくれればいいのに……。いつもギリギリに、それが当然のように言ってくるんだからヒドい」

そう思い、「えっ……明日ですか?」と不満そうな顔をします。表情や雰囲気から相手にわかってほしいところですが、それで伝わることはないでしょう。「やりたくないのかな」と感じさせることはできるかもしれませんが、言葉にしていないので、「他の仕事があるからできない」「もっと早く言ってほしかった」というあなたの気持ちは伝わりません。

もうひとつ――

書類を同僚の机の上に置いておいたところ、「なくなってしまったみたいだ」と言われました。

「これで何回目なんだろう。紛失するのはあいつの机が散らかっているせいなのに、なんで自分がまた書類をつくらなきゃいけないんだ」と、これまでの怒りがこみ上げて「君の机は汚い！　だからダメなんだ」ときつく言ってしまう。

このような言い方をしてしまったら、言われたほうもいい気持ちはせず、それどころか反発するだけかもしれません。

❖「私は」ではじめるとアサーティブな話し方

2つの例をアサーティブな伝え方にするにはどうすればいいでしょう。別の伝え方を考えてみましょう。

「えっ……明日ですか？」と不満そうな顔をする

↓「私はいま、○○の資料づくりに追われています。明日までに仕上げなければならないので判断しかねます。どちらを優先する必要があるのでしょうか？　次回からはもう少し段取りできる猶予をいただけると調整しやすく助かるのですが」

「君の机は汚い！　だからダメなんだ」

↓「私はファイリングする必要があると思うんだが、どうだろう。ファイリングをすれば、必要な書類をすぐに取り出せ、お客様をお待たせすることがないからね」

改善後の言い方のどこが変わったかと言うと、いずれも「私」を主語にしています。

「私」を主語にする〝Ｉメッセージ〟という方法は、〝私〟の視点で発言する話し方です。

「私は○○と思う」
「私は○○と感じる」
「私は○○のようにしてほしい」
「私は○○のようにしたい」

などと、話し手の責任の所在を明らかにするものです。〝Ｉメッセージ〟で表現すると、自分の気持ちを適切に表現できて、なおかつ、相手を責めたり、傷つけたり、侮蔑したりする言い方にはなりません。

❖「YOUメッセージ」は非難に聞こえる

反対に、相手に視点を置いた相手中心の〝ＹＯＵメッセージ〟では、しばしば問題を引き起こします。

「あなたは○○だ！　だから間違っている（改めるべきだ／そうすべきではない／そうすべきだ）」

このような〝ＹＯＵメッセージ〟を受け取ると、多くの場合、相手からのメッセージを自分への非難として受け止めます。それが原因となって、反発したり、プライドが傷ついて落ち込んだり、もっと悪い場合は、恨んだり、憎んだりすることになり、信頼関係が一瞬で泡と消えてしまうのです。

人にものを言うとき、特に注意や叱責する場合に、「みんな（他部署は・競合他社は）○○しているから、あなたも△△しなさい！」と、責任を外部に押しつけるような表現をすると、メッセージは相手に率直に伝わりません。

メッセージの受信者は、遠回しな表現が理解できずに聞き流してしまったり、他人事のような言動をする人に無責任さを感じて腹を立てたり、一体誰に何を言われているのかがわからず当惑したりします。

〝Iメッセージ〟で伝えれば、話し手であるあなたの責任がはっきりします。

未来志向で伝える

〝Iメッセージ〟で伝えることを意識したら、さらに〝未来志向〟で伝えることにも注意を向けてみましょう。

ある若手弁護士が新しく事務所を開設しました。そのために事務用品を購入したり、名刺を手配したりしなければなりません。

本来であれば、今日、事務用品が届き、オフィスのレイアウトが完成する予定でしたが、届くはずの事務用品が届きません。そこで翌日、業者に電話をします。

ついやってしまいがちなのが、こんな言い方です。

「約束の期日に事務用品が届かなかったので、私はとてもいら立ってるんです。昨日までに必要だと伝えたでしょう。しっかり手配してくれると思っていたのに！」

これは「すでに依頼した」「それがなされていないのはどういうことだ」と不満を表わすことに重点を置いた、いわば〝過去のIメッセージ〟です。

❖「解決策」に重点を置く

これを「過去」から「未来」に向けた伝え方に、言い換えてみましょう。

「私は今すぐに事務用品が必要なんです。急いで手配をしてください。指定した日時に間に合わせてもらえないと困るんです」

どうでしょう？　問題点よりも解決策に重点を置く告げ方をされると、担当者は、「直ちに手配いたします」と、答えやすくなります。これが〝未来のIメッセージ〟です。

過去志向の〝Iメッセージ〟だと圧力を与えてしまい、相手の自己防衛的な返答を引き出すことになります。そのため多くの場合、言い訳を引き出すことになり、生産的な会話が成立しにくくなってしまいます。それを未来志向にしただけで、改善に向けてスムーズに動かすことができるのです。

歩み寄るための会話とは？――「DESC話法」

自分の考えを表現したいけれど、何を言うべきか、どう表現すべきか迷うことがあります。そんなときには、会話の台詞づくりをサポートする「DESC話法」が有効です。「どんな順序でどんな話をすればいいか」がわかっていると、意識していなかった思いや考えをはっきりと言葉にできるようになります。また、問題解決を予測することも助けてくれます。

DESC話法による台詞づくりを行なうと、アサーティブなふるまいがその場面で適切かどうか、といった判断もつきやすくなります。

たとえば、

- 上司からの過大な期待に対して
- お客様からの執拗なクレームに対して
- 出会ったばかりの知人に対して
- 最近、ぎくしゃくしている友人に対して
- 新規のお客様からの要求に対して

これらの場面では、自分の気持ちを表現しないことを選ぶのが適切な場合もあります。

DESC話法は、次の英語の頭文字を合わせた呼び名です。

D＝Describe（描写する）

状況や対応する相手の言動を客観的に描写する

E＝Express（表現する）

状況に対して自分が感じていることを表現する

S＝Specify（提案する）

相手、または自分の特定の言動の変化について提案する

C＝Consequences（結果・成り行き）

提案した言動が実行されたとき、あるいは実行されないときの結果について述べる

❖会議で適切に異論を伝えるには

営業部に所属するAさんが周りのメンバーと違う意見を持った場合、DESC話法を使って伝えると、こんなふうになります。

「来月の販売強化商品は○○にしよう」（メンバーはほぼ全員意見が一致）

部長「Aさんもそれでいい？」

Aさん「○○は発売当初の売行きはよかったのですが、ここ1ヶ月のデータを見ると、あまり調子がいいとは言えませんね」**（Describe）**

「だから私は○○を強化商品にするのは適切ではないと思っています」**（Express）**

「今は△△に力を入れるのが得策ではないでしょうか。△△は発売直後こそふるわなかったものの、1ヶ月後から伸びはじめています。それは地道にお客様にご案内してきた結果ということと、◇◇という点がお客様のニーズに合っているという点を評価されたのだと思います」**（Specify）**

「ここでさらに力を入れれば、もっと売上は伸びると考えています」**（Consequences）**

不適切な会話とDESC話法による会話

不適切な会話		DESC話法による会話
「いつも間違いばかりで」	➡	「これで2回続けて間違えたことになる」（描写する：D）
「まったく頼りにならないな」	➡	「今回こそはと、期待していたんだぞ」（表現する：E）
「すぐに修正しろ！」	➡	「今後は中間報告をくれないか？」（提案する：S）
「もうお前には期待せん！」	➡	「そうしてくれると安心できるんだが」「そうでないと安心して仕事を任せられなくなるからな」（結果：C）

いつもミスをしてばかりの部下を注意する上司の場合は、上のようになるでしょう。

❖状況や対応する相手の言動を客観的に描写する（D）

同じ状況を描写するにしても、不適切な例では、部下の言動に対して、自分の憶測と解釈で「いつも間違いばかり」と決めつけています。部下は、たまたま体調不良か残業続きなどの事情で間違ってしまったのかもしれません。

2人の間で問題状況を明らかにするためには、勝手な想像や解釈をやめて、相手の様子や、その場の状況を客観的に簡潔な言葉で描写して伝えることが重要です（たとえば「5分遅刻した」「○○と◇◇の2ヶ所にミスがある」)。実際、相手の事情を理解することは難しく、勝手な想像で相手を責めると、素直に反省しなかったり、否定されてしまいます。客観的描写とは、〝あなたが責める〟のではなく、状況や事実をありのままに伝えることです。

客観的に描写して、現実を共有し、話し合いの基盤をつくりましょう。

❖状況に対して自分が感じていることを表現する(E)

次に、自分の感じていることを相手に理解してもらうために、状況や相手の言動に対して自分が感じていること(感情)を冷静に表現します。相手を責めたり、非難するのが目的ではないので、〝YOUメッセージ〟ではなく、〝Iメッセージ〟を用います。「私は○○のことが、とても気がかりです」「私は○○をとても心配しています」と明確に述べます。

話し合いを続ける際、混乱が起こらないようにするためには、自分の考えや気持ちは自分のもの、として表現するようにしましょう。

❖相手、または自分の特定の言動の変化について提案する（S）

相手にとってもらいたい言動を提案する（Specify）ときは、具体的に言語化することが重要です。指示や命令ではないので、「○○してほしい」「○○してください」ではなく、「○○してもらえませんか?」「○○していただけませんか?」という表現になります。

提案とは、相手に選択の余地を与える表現であり、お互いを尊重していますが、指示や命令では一方的に押しつけてしまいます。

また、提案は大き過ぎず、今すぐにできるように具体的で小さく砕いて伝えると実行されやすくなります。

❖提案した言動が実行されたとき、あるいは実行されないときの結果について述べる（C）

提案に対して、相手が肯定的（ＹＥＳ）に答える場合と、否定的（ＮＯ）に答える場合があります。そのため、両方の可能性があることを覚悟し、その準備をしておきます。

肯定的にYESと答えてくれた場合、感謝を述べたり、「助かります」「安心できます」と肯定的なメッセージを伝えることもできます。

否定的（NO）な場合には、その次の提案を考えておきます。一度で歩み寄れると思わずに、相手の選択肢を用意しておきます。

DESC話法は、すべての台詞をこの順に述べなければならない、ということではありません。状況に応じて順序を変えてもいいですし、このすべてを伝えなくてもアサーティブに問題を解決できる状況もあります。

❖協力・歩み寄りの道を拓く

複雑な交渉ごとに臨むときや、言いにくいことを言わなければならない場合には、これらの台詞を前もって準備したり、日頃から練習を積んでおくことが役立ちます。

特に、

- 客観的に描写するところに自分の気持ちや想像を交えない
- 〝Iメッセージ〟には、率直な感情（気持ち）を添える

ことを練習しておきましょう。

日ごろから葛藤が起こる可能性をも予期しながら自己表現し、また、一時的な葛藤を余計に複雑にしないよう心がけることが重要です。

気持ちが混乱してしまうと、相手の言動を理解する前に勝手に憶測や想像で解釈して、その前提に沿って自分の気持ちを述べ、さらに相手に「提案」すべきことを「命令」として伝えてしまうことが少なくありません。

提案は受け入れられないときもあることを心得ておきましょう。そのために他の選択肢を考えておけば、新たな提案ができ、相互の歩み寄りも可能になり、自分も相手も満足できる結論を導き出すことができるでしょう。

築きのノート

DESC話法によるアサーティブ対応

下記の文章をよく読んで、それぞれの「状況」での、アサーティブな対応を考えて、その方法を会話調で記入してください。

[状況]

部長はあなたにものを頼みやすいらしく、いろいろと仕事を言いつけます。もう手いっぱいなのに、また急ぎだと言って膨大なパソコン入力の仕事を持ってきました。同僚の山下君には、あまり仕事を言いつけません。そのときあなたは、我慢して仕事に囲まれて残業をしますか？　それとも、我慢出来ずに部長に食ってかかりますか？　それとも？

[アサーティブな対応]

D：

E：

S：

C：

[状況]

何かというと先輩風を吹かし、横柄な態度をとる先輩が「お前、一体何やってんだ！　またこんな間違いをして。馬鹿じゃないか」と言ってきました。これにどう対応しますか？　衝突を避けるために耐えますか？　それとも、ひそかに足を引っぱる復讐を考えますか？　あるいは「目には目を」で直接的に仕返しをしますか？　それとも？

[アサーティブな対応]

D：

E：

S：

C：

＊回答例は巻末に記載してあります

あなたの解決したい出来事について、DESCを用いて準備をしておきましょう

その場面を具体的に整理しましょう

D＝Describe（描写する）

E＝Express（表現する）

S＝Specify（提案する）

C＝Consequences（結果・成り行き）

アサーティブな叱り方、諭し方

上司が部下を適切な場面・適切な言葉で叱るときにも、アサーティブなふるまいが求められます。

ある航空会社の研修後の懇親会の席で、「うちの上司は叱ってくれないんです。今回は叱られると思って緊張していると、拍子抜けするんです。ときには愛情をもって叱ってほしいんです」と受講者の多くが語ってくださったことが新鮮でした。

怒りを溜め込まず、変に気兼ねすることなく、愛情をもって叱ることは必要なことです。

ここでは、適切な叱り方について考えてみましょう。

❖自尊心に訴える

同じ叱るのであれば、アサーティブに「成長してほしい」という意図がしっかりと伝わるようにしたいものです。

「いつもがんばってくれて大変なことはよく知っているが、これはまずい。気をつけてほしい」

「君には次のプロジェクトで大事な役割を担ってもらいたいと考えているところだ。自信をもって推薦できるよう、今後十分に注意してほしい」

こんな言葉なら、真剣に聴かない部下はいないでしょう。

この叱り文句は、相手の自尊心に訴えています。誰でも自分の存在意義や、自分への期待度を示されると、悪い気持ちはしないものです。それが「叱られた」というマイナスの気持ちを相殺し、素直なこころで相手の言うことに耳を傾けさせる働きをします。

部下の自尊心を尊重し、期待感を素直に添えて叱るのは、決して迎合ではありません。

❖〝減点法〟ではなく〝加点法〟で

「こんなミスをするようではもうダメだ……」

というような叱り方では、部下は委縮してしまいます。「ダメだ、ダメだ」ではなく、どうすればＯＫかを考えながら叱れば、部下も今後に希望をつなぐことができます。

言葉のニュアンスはとても大切です。

「こんな単純な書き間違いをするな！」

と否定形でアグレッシブに言うより、

「これからは、書いたら必ず見直して確認するくせをつけるように」

と肯定形で言ったほうが明るいイメージになる上、反省点や留意点、今後やらなければならないことなどがはっきりします。

言ってみれば〝減点法〟で叱るのではなく、〝加点法〟で叱ることです。悪いところを指摘するだけでなく、どうすればそれが克服できるかを、〝叱る〟中から丁寧に探させ、教え諭すようにしましょう。

❖「叱るのは成長のため」と伝えておく

日ごろから〝叱る〟ことについて、自分の方針、考え方などをメンバーに知らせておくことも必要です。部下に自分のやり方をわかってもらえるように、予備知識を与えておくのです。

「ときには叱ることがあるだろうが、決して憎くて叱るわけじゃない。成長してほしいからだ。だから、もし叱られたとしてもあまり気にせず、なんで叱られたのかだけをよく考えてほしい」と、言葉と態度の両方で表明しておけば、部下は〝そのとき〟に遭遇しても、「ああ、このことか」と安心して、上手に叱られることができます。

〝叱り上手〟があるように、〝叱られ上手〟も大事なスキルです。部下を〝叱られ上手〟に誘導しておくことも、上司に必要なマネジメントスキルのひとつと言えるでしょう。

事実関係を確認する

上司：「A君、納品の時間に遅れてダメじゃないか！」
部下：「いえ、あれは先方の都合で変更になったんです」
上司：「……キミはよく遅れるから、またかと思ったよ」

などと、言わなくてもいいことを言ってしまって、引っ込みがつかなくなることもあります。

これは「叱る」以前の話ですが、怒りに任せて事実関係を確かめもせずに雷を落としてしまう上司がいます。こんなことで関係が悪くなっては元も子もありません。事実は冷静に確認しましょう。

❖なぜ叱る？　理由を明確に

感情に任せて叱ると、叱られているほうはなぜ上司が怒っているのか、よく理解できません。その結果、「今日は機嫌が悪いらしいから、黙って嵐が過ぎるのを待とう」くらいに受け流されてしまうことがあります。これでは叱った効果は期待できません。

「叱る」効果の第一歩は、相手がなぜ叱られているのか、理解できるようにするところからスタートします。

部下の失敗が企業全体の利益を追求する上でどれだけの阻害要因になったか、「顧客満足」の軽視が会社の信用をどれだけ傷つける結果となったか、仲間の人にどれだけ迷惑をかけたか……などを理論立てて話すことが必要です。

叱られる本人は、それぞれの持ち場の事情は見えても、上下左右のより広い範囲にわたる事情は見えていないことが多いものです。それを説明してやれるのは上に立つ人間しかいません。

❖事実と要望を的確に伝える

「しっかりしろ」「もっとがんばれ」「シャキッとしろ」など、曖昧で、しかもアグレッシブな表現を連発していませんか？

こうした言葉はあまりにも漠然として、目安になるものが何もありません。相手が理解しやすいように言語化して伝えるようにしましょう。

「しっかりしろ」↓「行動計画を立てて行動しよう」
「もっとがんばれ」↓「今月は売上目標を達成しよう」
「シャキッとしろ」↓「背筋を伸ばして、明るく挨拶をしなさい」

何度も注意しているのに相手に通じていないのなら、メッセージの発し方を反省すべきかもしれません。「こちらの指示を聞かない、言うことを理解しない」と怒っているだけでは、相手は追い詰められ、反発するだけです。

次のような個人のパーソナリティを損なう言い方にも注意が必要です。

①「お前は本当に理解力がないなぁ！」
②「報告しないなんて、気配りが足りないじゃないか！」
③「君は短気で話にならんよ」

このように、相手にこちらの一面的な評価を押しつけることは、人間関係の軋轢のもとになります。決めつけからは、何も生まれません。このようなメッセージは、相手にとっては、単なる憂さ晴らしや攻撃と感じるだけで、素直に反省できません。

事実と要望（期待）を伝えなければ、相手のこころに届かないのです。次のようにアサーティブな言い方に言い換えてみましょう。

①「君にパソコンの説明をするのは、これで3度目だね」**（事実を伝える）**「今度からは必ずメモを取り、復唱して、わからないことはその場で質問してほしい」**（要望を伝える）**
②「君が先日のA社さんからの報告を怠ったことで、先方からクレームになっただろ」**（事実を伝える）**「報告は義務なんだから、必ず事実を伝えるように」**（要望を伝える）**
③「君はミスをした後、口を尖らせて不服そうな顔をして、人の話を聞こうともしない」**（事**

実を伝える）

「それでは同じミスを起こすのではないかと気がかりなんだ。ミスを活かすためにも、しっかりと素直に反省して次に活かそうじゃないか」（要望を伝える）

❖質問の機会を与える

ＯＪＴ（On the Job Training）の基本スキルに「教え方の４段階」という指導法があります。その４段階の途中に「ここまでで何か質問はあるかな?」と部下の理解度を確かめる段階があります。研修でロールプレイをすると、権威をふりかざす上司は、「何か質問はあるかな?」という箇所を「わかったな!」と確認してしまうのです。「わかったな!」と上司から言われてしまっては、部下は「わかりません」とは言い難いものです。わかったふりをして（わかったつもりになって）仕事に取り掛かり、その結果、苦情やクレームに発展したり、大きな事故につながることもあり得るのです。

上司が「わかったな!」と上からものを言うことで、部下に「○○がわかりません」と言う機会を奪ってしまうのです。そして、ミスをした部下に「なぜ説明した通りにやらなかったんだ!」とアグレッシブに追い討ちをかけるのです。

話をまくし立てる相手にはどうする？

相手が何度も同じことを繰り返したり、同じ結末に話題を持っていってしまうようなときには、相手の中に「私の話を受け止めてほしい」という強いメッセージがあります。

その際は、相手の話を要約し、

「○○だったんですね」

「とても辛かったんだね」

「すごく興奮したんだね」

と、相手の感情を受け止めることが効果的です。これで「あなたの大切な話をしっかりと理解しましたよ」というメッセージを積極的に伝えることになります。

しかし、それでも話をまくし立て、こちらが疲れたり、用事があるときなどは、

「そろそろ出かけないといけないので、また今度聞かせてください」

「今日は用事があるので、そろそろオフィスを出たいんだ」

「あなたに聞いてほしいことがあるんです」

「私には別の考えがあるんだけど、いいかな」

などと、相づちではなく、言葉で伝わるような表現で言いたいことを切り出すといいでしょう。内容に時間などの数字を盛り込むと説得力が増します。

When（いつ）、Where（どこで）、Who（誰が）、Why（なぜ）、What（何を）、How（どのように）、How many（どのくらい）、How much（いくら）の「5W3H」を取り入れるよう意識してみましょう。

攻撃性を内に秘める相手にはどうする？

〝受動攻撃性〟という言葉を聞いたことはありますか？　「表面には出さないが、内に秘めた攻撃性」という意味です。

たとえば、何かやってほしいことを頼んだときに「はい」と返事をしておきながら、いつまでもやってくれない。あるいは、とうとうやってくれなかった。そのような経験はないでしょうか？

本当は断りたいのに、しっかりと断ることができなくて、なんとなく引き受けたものの、「やっぱりやらない！」――そんなパターンです。

本当は相手に対してすごく怒っているのに、それを表に出せなくて、「言われたことをやらない」ことで、後からじっくりと仕返しをする、これは日本人に結構多いタイプです。

このような相手にはどのように接したらいいのでしょう？

このタイプの基本的な思い込みは、「人の言うことを聞くのは〝敗北〟だ」ということで、命令でも指示でも依頼でも、人から何かを言われてその通りにしなければならなくなると、欲求不満を感じ、相手に反抗したくなります。

しかし、その反抗は直接表現されることはありません。これは、「自分の意見をはっきり言ったら、危険を冒すことになる」という、もうひとつの思い込みを持ち合わせているからです。

❖攻撃性を内に秘める相手に対してしたほうがいいこと

①相手の意見を求めながら丁寧に接する

誰でも自分の意志が関与していると感じられるほど、自分がしている仕事に満足します。だからと言って、あらゆる場面で意見を求める必要はありませんが、できる範囲で決定に参加させることが大切です。問答無用で指示命令に従わせようとすると、相手の受動攻撃性をさらに強めてしまいます。

「この書類を明日までに入力しておいてほしい。明日、どうしても必要なんだ」という言い方よりも、「明日までにこの書類を入力してほしいんだが、今日は何か予定があるかな？明日、どうしても必要なんだ」と、相手に選択の余地を残せば、同じ残業をするにしても、相手は自分の意志で残業することになります。

受動攻撃性は、「これをしろ」「あれをしろ」と乱暴な命令をすると、相手の指示がもっともだと思っても、その言い方に反発してやろうとして、指示されたことをしようとしなくなります。

受動攻撃性タイプの人への指示の仕方

具体的な伝え方	ポイント
しばらく前から君の仕事ぶりが気になっているんだよ。○○についてなんだ。	←具体的な例をあげる
こういったことからすると、君はどうも私がしてほしいと言った仕事をしたくないと思っているのではないかという気がするんだが……。	←あなたの見解を示す
それについては、これまでにも「意見があるなら言ってほしい」「不満があるなら言ってほしい」と何度も伝えてきた。しかし、君は一度だって不満をぶつけてきたことはなかった。	←具体的な例をあげる
私がしてほしいと言った仕事の中には、あまり面白くない仕事もあるかもしれない。「どうして自分がこんなつまらない仕事をしなければならないのか」って思ってしまうのだろう。それもわかる。	←相手の気持ちに理解を示す
しかし、これは組織の一員としての依頼ごとなんだ。	←お互いの立場をはっきりさせる
「どうせやるなら、もっと面白い、自分にふさわしい仕事があるはずだ」と思うかもしれない。君がそう考えるのは自由だ。	←相手の気持ちに理解を示す
だが、もしこの職場でともに働きたいと思うのであれば、会社の決まりは守ってもらわなければならない。私がしてほしいと言ったことをしてほしい。そうじゃなければ、仕事が進まなくて困るんだ。	←お互いの立場をはっきりさせる
……ということで、今週、君にしてほしい仕事は……	

②不満があるのなら、直接主張させる

受動攻撃性のタイプは、直接不満をぶつけるのは危険だと思い込み、間接的なやり方で不満を示します。「何か不満があるのか」と尋ねても、「いえ、何もありません」と、簡単に不満を口にすることはありません。ときには「君は私と真剣に話すつもりがあるのか？不満があるならはっきり伝えてほしい。そうでなければ、悪い点を改善しようがないじゃないか。君が黙っているのは、チームのためにもよくないよ」と諭しながら接することも必要です。

③お互いの立場をはっきりさせる

前ページの表のように実践する前に、次の2点に気をつけてください。

- 相手を尊重していることを伝える
- 相手に指示を与えるのは、あくまでも上司と部下という立場によるものに過ぎないことをきちんと伝える

この通りに実践しても必ずうまくいくとはかぎりません。しかし、やってみる価値はあるのではないでしょうか。

攻撃性を内に秘める相手に対してしないほうがいいこと

①相手の行動に気づかないふりをする

「時間が経てばおさまるだろう」と考えるのは、たいていの場合、うまくいきません。相手はあなたに何か不満を伝えたくて、受動攻撃という行動をとっているからです。気づかないふりをすれば、あなたが反応を示すまで行動をエスカレートさせるでしょう。

相手が受動攻撃の行動をとってきたら、すぐに聞いてみましょう。「さっきから怒っているみたいだけれど、そうじゃない？」と。相手が受動攻撃的な行動をとるということは、なんらかの不満があるのでしょうから、こういった問いかけを繰り返すことによって、徐々に素直に不満を表明できるようになります（当初は「別に怒ってなどいません」と不機嫌な表情を浮かべるでしょうが）。

②親のような言い方で批判する

「それはいけないことだ」とか「だめじゃないか」という、親のような言い方は避けましょう。それよりも、相手の行動の結果に言及して、自分が満足していないことを伝えましょう。

たとえば、部下が会議に遅刻してきた場合、「君はまた会議に遅刻したな。困ったやつだな。少しは他のメンバーのことも考えなさい」と言えば、反発を強めるだけです。「君は今朝、会議に遅刻したね。君がいないとチームとしての作業が進まないんだ。そうなると私も困るんだよ」と伝えたほうが素直に受け取ってくれるでしょう。

相手が受け取りやすいタイミングで、受け取りやすい場所にボールを投げるのは、アサーティブの基本です。

自分を表現するプロセスを大切にする

自分の行動パターンは、日常の些細な出来事の中に現われるものです。ある状況で自分を表現できないということは、他の状況においても同じように表現できない可能性が高いということです。

「傷ついたが、こんなことで目くじらを立てるのは大人げない。ここで争ったら気まずくなるだけだから我慢しておこう」などと考えて言葉を飲み込んでしまうようなことが積み重なると、表現する機会はどんどん失われていきます。

加えて、結果そのものに焦点を当て過ぎると、プロセスの大切さが見えなくなってしまいます。自分を表現することがとてつもなく高いハードルに見えて諦めたりするのは、プロセスではなく結果を重視し過ぎるためです。

❖「自己表現」＝「相手を打ち負かすこと」ではない

もし、相手を打ち負かすことが自己表現だと思っているのであれば、それは大きな間違いです。「自分を表現する」とは、言葉によって自分を表わすことであり、大切なのは自分を表現するプロセスなのです。

相手に自分の考えを受け入れさせるという気持ちでいると、どうしても相手と闘って打ち負かさなければならないと思ってしまいます。また、このように相手に意識を向けていると、口から出る言葉は相手を責めるものになってしまうでしょう。

プロセスを重視すれば「失敗」はない

しかし、自分の言い分を認めさせようという考えを捨てて、自分のために表現するプロセスを尊重しようという気持ちでいれば、結果はそれほど重要ではないと思えるようになります。相手に勝つという目標さえ捨てれば、「断られたらどうしよう」という不安や恐れは半減するに違いありません。

失敗したことに目を向けると、残るのは挫折感だけですが、プロセスに焦点を当てれば、自分を表現しよう、主張しようと決意して起こしたあなたの行動そのものが、すでに建設的・生産的なものであることに気づくはずです。

たとえプロセスのどこかに不手際があったとしても、それは決して失敗ではありません。問題点を発見できたことは貴重な成果で、それも成功と言えます。

次に行動を起こすときにその部分を修正すれば、さらに進展が期待できます。

プロセスに重点をおいて評価すれば、失敗というものはひとつもないのです。プロセスを大切にすることは、自分の気持ちや感情を大切にすることです。だから、「自分には納得がいかない」と思うのであれば、自分の気持ちが「納得いく」まで、自分を表現すればいいのです。

言葉と言葉以外の表現を一致させよう

❖言葉と他の表現が一致しないと混乱を招く

感情を表現するときのポイントは、言葉と言葉以外の表現を一致させることです。

悲しそうな顔をして「今日はとても楽しかった」と言えば、相手は悲しいのか楽しいのかわからず、どう反応していいのか戸惑ってしまうでしょう。

表情と言葉で、２種類の相反するメッセージが同時に発せられたら、どちらに反応していいのかわからなくなってしまいます。

また、人間は言葉以外のところに本音が現われることが多いので、言っていることと表情が合わなければ、この人は嘘を言っていると思われてしまうこともあります。このような、言葉と言葉以外のことが一致しないような表現を二重拘束（ダブル・バインド）的表現と言います。子供、部下など立場の弱い人がこのようなメッセージを受け続けると、精神的に混乱してしまうこともあります。

たとえば人から何か頼まれたとき、不機嫌そうな顔で「いいですよ。わかりました」などと言うと、相手に無用の罪悪感を起こさせることになりかねません。

言語的表現と非言語的表現が一致したとき、一致しないとき

言葉と言葉以外の表現が一致すると、伝えたいことはよりわかりやすくなります。

- 聴いてもらいたいときは明瞭に
- 困ったときはうなだれて
- 断るときはよそよそしくなく、はっきり

そんな態度で言うことです。

真剣なときには視線は相手にまっすぐ注がれ、表情はまじめになります。リラックスしたときは、表情はなごみ、姿勢はゆったりします。

声の大きさ・高低、話し方のスピードや区切り方、抑揚のつけ方などは聴覚的アサーションの要素です。とぎれとぎれに話したり、「えーと」などの言葉が多かったりすると、アサーティブに聞こえないこともあります。逆に、早口で話してしまうと、聞き取りにくかったり、「聞き流してください」というメッセージに受け取られるかもしれません。

視線、表情、姿勢、動作、髪型、装飾などの視覚的要素も、話していることに大きな影響を与えます。

これらの非言語的な要素が言語表現とうまく一致すると、メッセージはより有効に伝わり、話していることと非言語的な要素が一致しないと、メッセージは伝わりにくくなるばかりか、相手を戸惑わせ、ときには苦しめることにもなります。

5章

積極的に聴き、相手をほめよう

アサーティブは“聴く”ことから

伝える前に「聴く」

アサーティブは「自己主張」と訳される通り、「伝え方」のイメージが強いのですが、「聴き方」も非常に重視しています。

今から10年ほど前、私が経営コンサルティングを担当している企業での出来事です。

社長の不満は、「日頃から、取締役の話をよく聞いているが、積極性に関して物足りなさを感じる」というものでした。

一方、取締役は、「社長は人の提案もろくろく聞かずに一方的すぎる」とグチをこぼしていました。双方の言い分はまったく食い違っているのです。

そこで私は双方の合意のもと、私の目の前でそのことを率直に伝え合ってほしいと依頼しました。ひと通り会話をしてもらった後、私から質問をしました。

❖意外に多い、気持ちのすれ違い

私：「社長、いま取締役の話をしっかり聴いていらっしゃいましたか？」
社長：「いつもの通り、しっかりと聴いていたよ」
私：「取締役は、聴いてもらっているという実感がありましたか？」
取締役：「いいえ、聴いてもらえたという実感はまったくありません」
私：「会話をしている場面を想像してください。社長が人と会話をしているときに、相手が社長のお話をしっかりと聴いてくれていると実感できるとしたら、相手は社長に対して、どのようなふるまいをしているでしょう？」
社長：「うーん、前傾姿勢で、相づちを打ったり、話を促したり、途中で私の話を確認したり、メモしたり……」
私：「さすがですね、社長はよく相手を観察されているではないですか。では、いまおっしゃったような姿勢で、社長ご自身は『聴いていた』と自信を持って答えられますか？」
社長：「そう言われると、そうだなぁ……」
私：「拝見していると、社長が取締役の方の話をしっかりと受け止めていたという感じは伝わってきません。次に自分が何を言おうかと考えていたり、説得してやろうという表情が垣間見られたように思うのですが、ご自身を振り返ってみていかがですか？　取締役の話の途中で何かつぶやいていていませんでしたか？」
社長：「言われてみると、〝いつもと同じ言い訳ばかりして……〟とつぶやいていたなぁ」
私：「では、取締役は社長の話をしっかりと受け止めていましたか？」
取締役：「いいえ、〝また説得かぁ……〟と諦めて、耳をふさいでいました」
私：「お互いに相手の話に耳を傾けていないようですね。では、おふたりで相手を打ち負かそうとするのではなく、相手に納得してもらうために、どうしたらいいか話し合ってください」

その後ふたりは、自分が相手にしてほしいことを伝え合い、驚くほど心理的な距離が縮まりました。〝説得〟してやろうという「競争意識」から、〝納得〟してほしいという「共創意識」に変わりはじめたのです。その結果、部長や課長以下にまでいい影響が徐々に浸透し、風通しのいい組織がつくられました。
このエピソードから、相手の話に耳を傾けることの大切さがおわかりいただけるのではないでしょうか。

コミュニケーションはキャッチボール

コミュニケーションの発信者は、相手の受け取りやすいタイミングで受け取りやすい場所にボールを投げる。受信者は、そのボールを脚色せずにそのままキャッチする。そして今度は、発信者としてボールを投げ返す――コミュニケーションはキャッチボールにたとえられます。

ついつい、投げることばかりに関心が向きがちですが、キャッチすることも投げることと同様に重要であることを意識しなければなりません。

上手に自分を表現できるアサーティブな人は、いつも「聴く」ことと「話す」ことをセットのようにバランスよく行なうことができます。自分の気持ちを相手に伝えようとしているいろ工夫すると同時に、相手の話を聴き、相手をわかろう、理解しようとします。

すでにお話ししてきたように、アサーティブな人は、話したからといって、相手が必ずしも自分の考えに同意してくれるものではないということもよく知っています。相手の話をよく聴き、お互いの違いをよく知ることで、その溝を埋めようとする歩み寄りをはじめます。

話して聴き、聴いて話すというキャッチボールを繰り返し、お互いの理解を深めていきます。キャッチボールのスタートは、投げるのではなく、大きなキャッチャーミットでキャッチする（受け取る）ことからはじまるのです。

理解し合うということは、お互いの思っていることや感じていることが完全に一致するということではありません。理解するということは、「お互いの違いをわかり合うこと」からはじまるのです。

❖〝聴くこと〟は積極的な行為

聴くことと話すことは、会話における車の両輪です。会話には「話し上手」と「聴き上手」が必要なのです。

「聴くこと」とは、相手を大切にしていること、相手を受け入れようとしていることを伝えることです。相手の話を〝聞き〟流さず、積極的に〝聴く〟ことができれば、必然的に適切な質問が出てきます。

聴くことは消極的なことではなく、積極的な行為です。話し手に身体や視線を向け、うなずいたり相づちを打ったり、ときどき質問をはさみながら聴く姿勢は、話し手に自分のことをわかってもらえている（受け入れてもらえている・支持してもらっている）居心地のよさを感じさせます。

また、複雑で困難な悩みや、腹立たしい体験談などに、感心したり共感したり、同意したりして聴いてくれると、それだけで胸のつかえが下りる思いがします。

逆に、そっぽを向いたり、生返事をしたり、的外れな質問をすれば、相手に関心を持っていないことが見え見えです。きちんと聴くことは、会話の潤滑油なのです。

受容的な聴き方とは

人の話を聞くときに、あらかじめ否定的な結果を予想したり（「この人は私をバカにしたいのだろう」と思いながら話を聞きはじめる）、競争的に身構える（「この人には負けないぞ、あとで反撃してやる」と思いながら聞く）と、話の内容を歪曲したり、自分に都合のいいように合理化して記憶します。

自分の聞きたい話だけが聞こえ、聞きたくない話は聞こえてこなくなります。

人の話を聴くためには、みずからの〝心構え〟を受容的にする必要があります。「とにかく最後まで聴こう」という心構えをつくることです。

❖話に同意することとは違う

なお、「受容的に聴く」ことは、相手の話に同意することとは異なります。受容的に話を聴いたあとでも、反論することは可能です。むしろ受容的に最後まで話を聴けば、効果的に反論できます。

受容的に聴くことと相手の話に同意することを混同すると、最後まで話が聴けなくなってしまいます。

最後まで話を聴くために、具体的には次のことに注意してみましょう。

①相手の話を途中で遮らない

「ああ、その話なら知ってる」「その話は、聞きたくない」「私には関係ないよ」と、途中で話を中断させたり、聴くことをやめたりしないことです。とにかく最後まで聴き、助言や指図、非難、評価などは後回しにします。

②話題を変えない

相手の話に触発されて自分のことを話したり、自分の興味や関心のある話、得意な話題を話しはじめて、話題を変えないことです。相手が提示した話題は、相手にとって関心のある話題なので、聴き手として興味がなくても、ひと区切りつくまでは話題を変えないようにしましょう。

③道徳的判断や倫理的非難をしない

道徳的または倫理的な判断は、多くの場合、話し手自身も心得ているものです。それを聴き手がわざわざ取り上げて、相手の話の腰を折らないことです。

話し手は、道徳的、倫理的に問題があると思っているからこそ、話したかったり、あるいは道徳的、倫理的判断ではなく、聴き手個人の意見を話したいのかもしれません。

④話し手の感情を否認・否定しない

話し手が表現する感情を否認したり、否定して、話の腰を折らないことです。話し手を元気づけるつもりでも、結果的に話し手の感情を否認することがあることに注意しましょう。

安易な元気づけの例

営業：「今度のプレゼンは、自信がないなぁ……」
同僚：「大丈夫だよ。君なら昇格できるさ！」
営業：「でも心配でさぁ……」
同僚：「誰だって心配さ。気にしすぎ、たいしたことじゃないよ！」

一見、肯定的な反応に見えても、安易な励ましは結局のところ、話し手の感情や不安を受け入れず、否定してしまいます。わかってもらえないと思った話し手が、ここで話をやめてしまえば、なぜ、どのように心配なのかわからないままになります。十分に話を聴いたあと、具体的な根拠をあげて「大丈夫」と言えば、話し手も納得しやすくなります。

⑤時間の圧力をかけない

「手短に話して」と言ったり、話を聴きながら時計を見たり、話し手から距離を置いて、話を聴く時間がないことを伝えると、話し手は心理的な圧力を感じます。その結果、話をはしょったり、途中でやめてしまいます。本当に時間がないなら、その場では話を聴かずに、あとでゆっくり聴く旨を伝えましょう。

これらの事項を守るのは、必ずしも容易なことではありませんが、日常のビジネスの現場で困難にぶつかったとき、自分を見つめたり、相手の気持ちや立場を察するための貴重な視点を与えてくれます。

自分のことを理解してほしいのなら、まずは相手のことを理解すること。「理解してから理解される」という対人関係の基本を再確認しましょう。

ほめるときもアサーティブに

「聴く」ことと同様に大切なのが「ほめる」ことです。

人に伝えるのは、異議を申し立てるだけでなく、「素晴らしい」と思ったらそのことも素直に表現しましょう。それが円滑なコミュニケーションの基盤になり、何でも本音で言い合える関係につながります。

❖上手なほめ言葉は、やる気の促進剤

日産自動車のカルロス・ゴーン氏が、同社の欧州でのデザイン拠点となる「日産デザイン・ヨーロッパ」(ロンドン)の開所式典で、過去の〝デザイン軽視〟に触れて述べた言葉が報じられていました。

「日産のデザイナーはとても才能がある。問題は会社が彼らのイノベーション(革新性)

を表現できる状態に置けなかったことだ」と、自社のデザイナーをほめる一方で、結果の不十分性は経営陣の反省材料とする――人の上に立つ経営者としてなかなか心憎い演出です。

これが「これまでのデザインは革新性に欠けていた」というYOUメッセージだったらどうでしょうか。日産のデザイナーたちは、名指しこそされないものの、革新性に欠けていたのは自分たちのせいと思われている、と受け取ったでしょう。「デザイナーは才能があるけど、会社の対応が不十分だった」と表現されたことで、デザイナーたちは「よし、これからもっともっと努力しよう！」と思ったことでしょう。

ほめるときは、次のことに気をつけましょう。

ほめるときの4つのポイント

①本気でほめる

大切な条件は「本気でほめる」ことです。相手の成長を願って、気づいた点、感心した点を本気でほめます。見え透いたおだてや迎合は必ず見破られ、逆効果とさえなります。

②日頃から観察し、目をかける

本気になるためには、相手の言動や仕事ぶりを常日頃からよく観察したり、十分に「目をかける」ことが必要です。

「ほめることは発見である」と言った人がいるように、日頃の真剣な観察を通して、部下の仕事ぶりや上司・同僚の気配りに「感心」し、「感謝」し、「感動」すると、その中から本気のほめ言葉が自然に生まれます。

ほめ言葉に接した相手は、「ちゃんと見てくれているんだな」と気分がよくなり、大いにやる気を出すことでしょう。

③目立たない努力をほめる

日ごろよく観察していれば、相手が人知れずしている努力、目立たない努力などもおのずと見えてきます。そうした努力に対してねぎらいや感謝の言葉をかけると、大きな効果が期待できます。

人にほめられて当然なことをしたときより、他人にはわからないと思っていた地道な努力を認めてもらえたときのほうがはるかに嬉しいものです。

④人前でほめる

人知れずしている努力などに対しては、人前でほめられるとより嬉しいものです。そのことによって、ほめられた本人だけでなく、その場に居合わせた他の人にも「こんなふうにちゃんと見ていますよ」というメッセージを発することができます。

ただ、あまり大げさにほめすぎると、本人がやっかみの対象になることも考えられるため、注意が必要です。

特に、同じような努力をしている人が他にもいるのに、特定の人だけをほめてしまった場合などは要注意です。そのような可能性が考えられるときは、さらりとほめておくことです。それでも本人には十分に意図が伝わりますから。

「ほめ甲斐のある人」になろう

日本では謙虚さを重んじるなど「謙譲の美徳」があるため、ほめられても率直に受け取らない傾向があります。

「とんでもありません」「私なんか○○さんと比べたら、まだまだです」と、ほめ言葉を素直にキャッチしようとしないことが多いのですが、すでにお話ししたように、コミュニケーションはキャッチボールですから、投げたボールをキャッチしてもらえないと、ほめた側もほめ甲斐がないと判断し、ほめる機会を減らしてしまうものです。

〝ほめられ上手〟はプラスのエネルギーを発する

ほめられたら「ありがとうございます！」「とても嬉しいです！」「○○さんにそう言ってもらえると、ファイトが湧きます！」など、アサーティブに受け取る〝ほめ甲斐のある人〟になることも大切です。

〝ほめられ上手〟は〝ほめ上手〟でもあります。周囲からの承認を素直にキャッチできる〝ほめられ上手〟は、プラスのエネルギー（こころの栄養素）が増し、そしてそのエネルギーを周囲に分け与えることができます。

明るくいきいきとした職場を築くためには、まずは周囲からの承認を素直にキャッチする自分づくりからスタートすることなのかもしれません。

まずは一歩を踏み出そう

自分の気持ちを素直に表現しない、ノン・アサーティブなふるまいを重ねていると、自分への低い評価（ネガティブなセルフイメージ）をさらに強め、サイクルの一部として固定化してしまいます。

アサーティブでありたくても、ノン・アサーティブな態度をとっていると、自分自身についてイヤな気持ちを溜め込んでしまうのです。自分がイヤになればなるほど、次にアサーティブな行動をとろうとするときに、不安や抵抗を感じるようになります。このような不安や抵抗が、アサーティブな行動にブレーキをかけてしまうのです。

よい結果が自信につながる

自分の気持ちを表現していくためには、自分の不安を認識し、それを軽減しなければなりません。これまでご説明してきた、アサーティブになるためのアプローチは、まず自分の行動を変えることによってはじまります。

まずは、よい結果が得られそうな状況でアサーティブな行動を実際にやってみましょう。そこでよい結果が得られると、自分自身についての気持ちが変わりはじめ、自信が持てるようになります。

自分に自信が持てるようになると、不安が少なくなり、そこからもっとアサーティブになることができます。行動を変えることによって古い自滅のサイクルを破ることができ、そうすれば新しいサイクルをはじめられます。

6章

“違い”から価値を生み出すコミュニケーション
率直で創造的な職場づくり

創造性豊かな職場づくり

日本の職場では、集団の和を保ちながら建設的な意見を述べることが理想だとされています。しかし、まかり間違うと意見を述べたつもりなのに、目上にたて突く、協調性がない、変わっている、目立ちたがりといったように映ってしまうことがあります。

そのため、出る杭は打たれ、出すぎた杭は抜かれてしまい、波風を立てないようにふるまうことが暗黙のルールになります。

アグレッシブやノン・アサーティブな言動をしてしまう心理のひとつに、葛藤を避けようとする心理があります。葛藤を避けようとするために強く出たり、自ら引いてしまうことが生じます。そうすることで、創造的な発想の芽を軽視、無視することになり、異質を排し、同質の中での競争を強いることになります。

〝個〟を主張することと集団の和を維持することは、対立するものではありません。真の協働関係とは、〝相手の言い分をよく聴いて尊重すると同時に、自分の考えを伝え、活か

経営とはトップダウンとボトムアップの融合

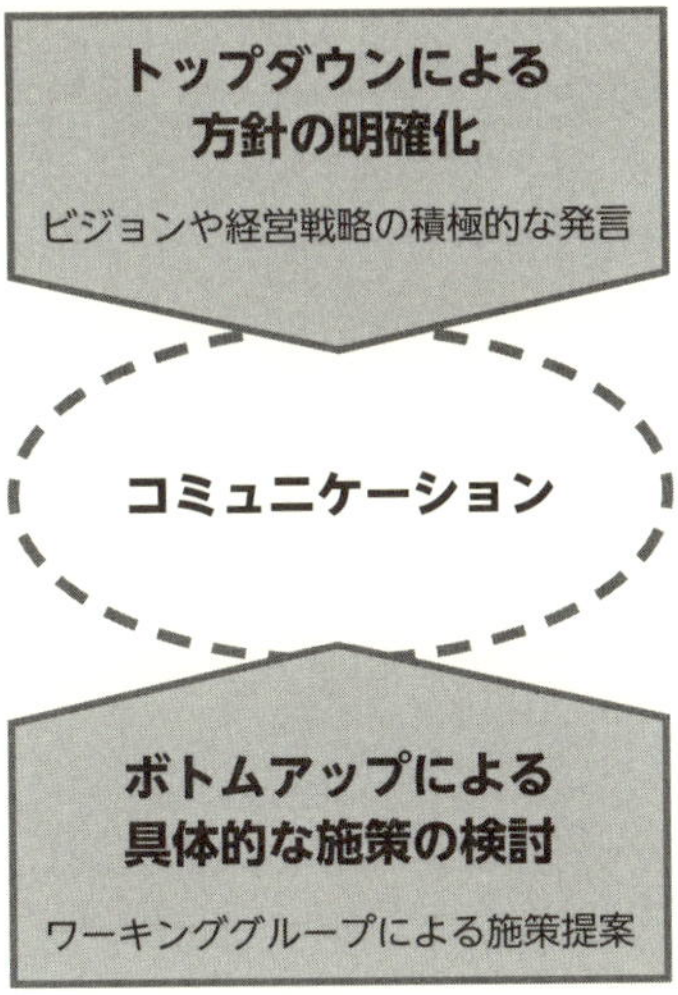

し、調和的な結果、相乗効果を発揮する〟ことなのです。でなければ、組織としての価値がないのではないでしょうか。

同質競争から異質競争へとサービスの観点がシフトし、競争が激化するビジネス環境において、避けて通れないさまざまな葛藤に対し、面倒がらずに意見を出し合い、譲ったり譲られたりしながら、双方にとって納得のいく結論を出そうとするかかわりが求められています。意見や考えは一致することのほうが少ないのです。だからこそ、お互いの希望を述べ合う権利を大切にし、相互の確認をして歩み寄ろうとする覚悟が必要なのです。

個も組織も大切にしようとするアサーティブな考え方に基づけば、葛藤回避の姿勢にはならず、お互いの対立や葛藤は当然生じるものだと考え、そこから発展の可能性を探ることになります。違いは自分にないものを相手が持ち合わせている証拠であり、学ぶ機会（チャンス）だととらえられれば、そこに組織の活力や創造性が育つのです。

そもそも〝コミュニケーション〟とは

一般的にコミュニケーションと言うと、「伝達」「連絡」という意味に解され、どこか一方通行的なニュアンスが強いのですが、英語の「コミュニケート（communicate）」という言葉の語源は、ラテン語の「communicare」です。この言葉は「与える」とか「分かち合う」「共有する」という意味で、オックスフォード英語辞典も「人と共通の扉を持つ」という意味であると言っています。

コミュニケーションとは、単に「伝える」というよりは、人と人との間で、あることが

ドラッカーによる組織成立の条件

もはや組織は、
権力によっては成立しない。
信頼によって成立する。
信頼とは好き嫌いではない。
相互理解である。

(P．ドラッカー)

共通してわかり合えている、共有されている状態をつくり出すという双方向的なニュアンスをもつ言葉なのです。

私たちはとかく、この双方向性ということを忘れ、「言ったはずだ」「伝えたはずだ」→「しっかりと聞いてない部下が悪い」ということになりがちで、これでは本来の意味のコミュニケーションは成り立ちません。ある人が伝えたいことが、相手にいったんは正確にわかってもらえること、その共通理解が成り立つことがポイントなのです。ある事柄について当事者同士が「よしわかった」と納得した状態になったときがひとつの区切りだと言えます。

前述したように、コミュニケーションはキャッチボールにたとえられます。

つい、投げることばかりに関心が向きがちですが、キャッチすることも投げることと同様に重要であることを意識しなければなりません。

コミュニケーションで大切なことは、「どのように相手に伝えるか」ではなく、「どのように相手に伝わったか」。

投げたボールをキャッチしてもらえたのか、落としてしまったのかなど、投げっぱなしにせず見届けることです。

❖現場におけるコミュニケーションの誤解

コミュニケーションの価値を見出していないにもかかわらず、毎日の生活はコミュニケーションなしには成り立たないという矛盾の中で、私たちは仕事をし、生活をしています。コミュニケーションの価値を十分に理解していないふたりがコミュニケーションを交わしても、なかなか実を結びません。

しかし、コミュニケーションがどんな価値をもたらすかを理解したふたりがコミュニケーションを交わせば、それは本当に創造的なものになります。

コミュニケーションに関しては、まだまだ以下のような誤解があるように思います。

□コミュニケーションは目に見えないため、取り扱うことができない
□コミュニケーションは大切ではあるけれど、優先順位は低い
□コミュニケーションは個人の問題であり、組織で扱う問題ではない
□コミュニケーションの課題と生産性の向上は相反する
□コミュニケーションの問題は面倒なだけで、後回しにしたほうがよい
□コミュニケーションは、組織を混乱させる。また、ときに浪費を生じさせる
□コミュニケーションよりは、規則、予測、費用対効果、効率、ハイパフォーマンス、収益、投資回収、計画、役割、経験、スキルなどが優先する

アメリカの未来学者であるジョン・ネイスビッツは、1983年に執筆した『メガトレンド』の中で、「技術が高度化すればするほど、それを維持する人間集団が必要になる。新技術の導入は、人と人との直接的接触、コミュニケーションの重要性を益々増大させてきている。業務が専門家すればするほど、それぞれの専門家と専門家をつなぐためのコミュニケーションが重要となる」と述べています。

また、マサチューセッツ工科大学のダニエル・キム教授は、「組織の成功循環モデル」

「結果の質」は「関係の質」から

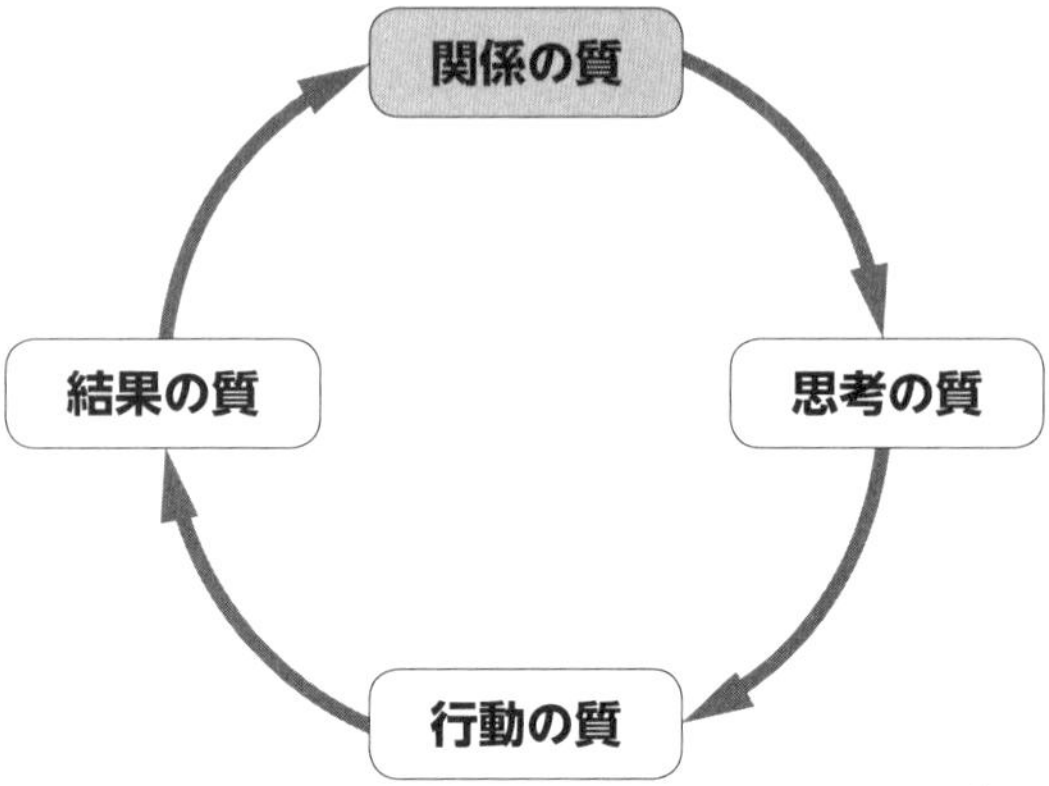

MIT教授　ダニエル・キム

の中で、上図の通り、ビジネス活動の「結果の質」を高めるためには、「関係の質」を高めることが最重要であると説いており、職場におけるヒューマン・スキル（コミュニケーション・スキル）の重要性が再び叫ばれています。

他者との〝かかわり〟が個人を成長させる

アメリカの哲学者であり教育思想家でもあるデューイ（J. Dewey）は、「成長とは自分を取り巻く環境との相互作用である」と言い、旧ソビエト連邦の発達心理学者のヴィゴツキー（L. S. Vygotsky）は、「個人の限界を超えるためには周囲の人々との相互作用が欠かせない」と説いています。つまり、業務経験を通して成長するためには、「他者」という触媒が欠かせず、他者からのアドバイスを受けたり、他者と切磋琢磨して、あるいは他者をロールモデルにしたり、反面教師にして、さまざまなことを学び取り、自己成長を遂げていくことが必須となります。

と同時にモチベーションも他者とのかかわりに大きく影響されます。誰かのひと言によって目が覚めたり、自分の働きが報われたと感じたりして、やる気がみなぎります。そうしたコミュニケーションを活性化させることが個々のモチベーションを高め、そして、組織の結束を盤石なものにしていくのです。

にもかかわらず、ものわかりのいい上司とメンバーのかかわり、〝優しさ〟の名を借りた自己防衛、個性のない個人主義、多様性・共生という言葉の前提化など、表面的なかかわりをよしとし、〝個性の格闘〟が生じない職場が多いように思います。

アイデンティティというのは、さまざまな他者との関わりの中で自分らしさを紡いでいく感覚なのですが、なぜか内向きに向かう人が多いものです。日本ではアイデンティティの形成を「自分の内面を探求して、変わらぬ自分をつくる」ことと誤解しているようです。本来は他者との関係で自分を紡いでいくことでなければならないはずなのに、自分の内面に外からの影響を受けない殻をつくり、外に接することと考える人がいるようです。

ビジネスのグローバル化や職場の環境は、コミュニケーションの希薄化、無関心化を加速させています。その一方で、コミュニケーション（人間関係）がより重要となる職場の実状、危機感があります。いまこそ、コミュニケーションの重要性を共有し、率直なコミュニケーションを図ることが求められています。

「ヤマアラシのジレンマ」

ある冬の日、寒さに凍えた2匹のヤマアラシがお互いに温め合っていた。ところが彼らは、自分たちのトゲでお互いを刺してしまうことに気づいた。そこで彼らは、離れてみたが今度は寒くなってしまった。

……これこそがヤマアラシのジレンマである。（ショーペンハウエルの寓話より）

相手との「最適な距離」を見出す能力が磨かれていないため、相手の価値観と衝突することを必要以上に恐れるか、相手の価値観と衝突するとき、必要以上に相手を傷つけてしまう状態をたとえた話です。

「人は一人ひとり違う」という前提から、コミュニケーションがはじまる

世の中にはひとりとして同じ人はいません。だからこそ、それぞれの体験や意味づけや解釈が違ってきます。「みんなが自分と同じような体験をし、同じように意味づけ、同じように解釈するに違いない」と考えてしまうと、誤ったコミュニケーションにつながりか

ねません。自分が体験したことはきっと他人も同じように体験し、自分の見ているものはきっと他人にも同じように見えていると考えてしまうのです。人のもののとらえ方、解釈も、自分と同様であると思い込んでいるから、「なぜこんな当たり前のことがわからないの？」という結論になってしまうのです。これが誤ったコミュニケーションの原因です。

「人は一人ひとり違う」という前提に立つことで、誤解やトラブルを回避できるだけでなく、そこから生まれる利点もたくさんあります。

ひとつ目は、「わかっているはず」とか「こう思うはず」の「はず」を外すことで、固定観念を持たずにまっさらな気持ちで相手を理解しようとします。

2つ目は、人と違うからといって自分を否定する必要もないし、自分と違う価値観を持つ他人を否定する必要もない、つまり、自分と相手の価値観や思いを、どちらも大事にできます。

3つ目は、人は一人ひとり違うからこそ世の中がうまくいくということ。人はそれぞれ、できること、得意なこと、やりたいこと、欲しいものが違います。だからこそ、自分のできないことをできる人に協力してもらったり、自分の得意なことで誰かの役に立ったりします。

４つ目は、人とつながる喜びが増えます。なぜなら、同じ思いを持っていて当たり前という前提でいると、何かずれが起きたときに落胆します。しかし、人によって体験も感じ方もまったく違うという前提に立つと、違っていて当たり前、もしほんの少しでもわかり合えたり共感し合えたりしたときには喜びが生まれ、相手とのつながりを感じることができるのです。

自分とは〝違う〟人に出会い、コミュニケーションすることによって、新たな視点や価値観を知り、世界が広がり、〝違う〟からこそもたらされるものは大きいのです。

個人的な違いがあるからこそ、一人ひとりが特別な存在になります。これらの違いによって各個人が世の中で存在する意義が決定し、独自の貢献をすることが可能となります。

❖ただ違う意見として伝える

相手と違った意見を自分が発言する場合は、冷静に相手の言葉を受け止めてから、並列に自分の意見を並べるように述べることがコツになります。この場合、相手の意見と自分の意見の間は、「しかし」や「でも」などの逆接の接続詞の代わりに、「そして」や「しかも」、「その上」などを使うことをお勧めします。

たとえば、「なるほど、君はそう考えるわけか」と受けて、「そして、僕はこういう理由からこう思うのだが」とすれば、批判せずに違う意見を相手に伝えることができます。

英語の「ＢＵＴ」は、その前を全部否定する語です。「わかった、でもね」と言われると、わかったと言いながら前言は全否定されるわけですから、対決になります。そこを「なるほどそう考えるんだ。そして……」とすると、相手の意見を受けて、しかも自分と違う意見でも相手は受け入れやすくなります。

「なるほど、あなたはそう考えるのですか。私はね、ちょっと違う見方があるのです。どんなのかと言うとね」と受け応えれば、あなたとは違う視点を持っているということになります。これは否定できません。「あなたの視点がありますね。あなたの視点があるのと同じように、私にも視点があるのですよ」と言われて、「いや、あなたの視点はない」とは言えないのです。

❖事実言葉と意見言葉

事実言葉とは、物事を客観的事実として言うことであり、これに対して、意見言葉は主観的意見として言うことです。

先輩営業マンから、「〇〇君さぁ、お客さんに会うときは、顧客リストを持っていくのは当たり前だろう!」と言われたとします。実際、常識的には当然かもしれませんが、それを絶対的な事実のように言われると、反発を覚えてしまうものです。

そこで、「〇〇君さぁ、僕の経験だと顧客リスト持って、お客さんに会ったほうが能率的だと思うんだけれど、君はどう思う?」と伝えたらどうでしょうか。どちらも趣旨は「リストを持っていけ」ということなのですが、「僕はこう思うんだよ」というように、主観的意見としたほうが、聞き手の抵抗を受けずに済むのです。

〝主観的意見〟や〝Iメッセージ〟で、〝私はこう思う〟と言われると、「いや、そんなことはありません」と返答しにくくなります。

❖相手を言い負かすのではなく、自分が変わる柔軟性を持つ

自分の発した言葉が自分の伝えたい通りに伝わらないことがあります。そんなとき、私たちは、相手に理解する力がないためだと相手を否定したり、あきらめたり、開き直ったりしがちです。ですが、自分の伝えたいように自分の言葉を伝えようと思ったならば、実

際に相手にどう伝わったかについて、相手の表情や声に素直に耳を澄まして、確認することです。自分の言葉がどのように相手に伝わるか予測を立てることはできても、伝えたいことと実際に伝わることは食い違って当たり前なのです。その食い違いをその後、どのように埋めていくかがコミュニケーションの出発点です。コミュニケーションは、「どう言ったかではなく、どう伝わったか」が大切なのです。

コミュニケーションで大切なことは、議論のように相手を言い負かすのではなく、コミュニケーションを通して、自分自身もまた変化していくことのできる可能性を残すことです。自分自身を変えていける、そんな柔軟性を持つことこそが大切です。

本来、〝違い〟は学ぶチャンスであるにもかかわらず〝違い＝間違い〟と、余計な〝間〟をつけてしまうことがあります。

自分とは違う意見から学ぶ、その姿勢を大切にしたいものです。同じ意見であれば葛藤はありませんが、そこには〝学び〟もないのです。

不平不満は大きなエネルギー

長年サラリーマンをしていると、会社員として口にしてはいけないことができて、自動的に「口にチャック」するようになります。

「口にしてはいけない」と溜め込んでいるうちに、それがストレスとなり、不平不満へと発展します。実は、この不平不満は大きなエネルギーを秘めていることが多いものです。

不平不満は、「アイデアの宝庫」でもあるのです。人が組織として複数人数集まっている以上、不平不満はなくならないので、目指すべきは不平不満の出ない職場ではなく、「不平不満を言い合える職場」にすることです。

そのためには、お互いがアサーティブにかかわろうとする姿勢、態度が求められます。

筆者は中堅・中小企業の経営コンサルティングをしています。契約と同時に、いろいろなプロジェクトや現場の改善活動に着手します。その矢先、筆者や経営者、既存の管理者に対し、多くの愚痴や批判が浴びせられます。

「これまで多くのコンサルタントが来たけれど……いずれも役に立たなかった」

「社長は自分たちに『変われ』と言うけれど、変わるのは自分たちだけなんでしょうか?」

「経営ビジョンが大切だというのはわかりますが、現場の状況を見て、可能だとお考えですか?」

「○○に着手するとのことですが、現状は□□だということを理解した上でのことですか?」

……などなど、きりがないほどの強い抵抗(愚痴や批判の山)に遭います。

しかし、愚痴や意見を、自分の保身からではなく、会社や部下を思って発言くださる方々がいらっしゃいます。

そのような「前向きな愚痴」は貴重な意見として丁重に扱います。すると、彼らは「愚痴を聞き入れてもらえる」「批判を言っても大丈夫」と認識し、ついには改善や改革の陣頭指揮をとる貴重な存在へと変わっていきます。

経営者からすると、これまで愚痴ばかり、批判ばかり言っていた煙たい存在が、強い味方となって、しかも社長に惚れ込んで、変革の担い手となってくれるのです。

その後、彼らからの貴重な意見は、アイデアとして随所に活かされます。その過程を見て、周囲の人も変化を遂げ、組織が一枚岩と化します。

ある会社で、コストダウンの検討が行なわれていました。なんと、毎年コストダウンを強いてくる販売先のA社が、今年は「一律2割カット」を申し入れてきたのです。

担当者たちは「そんなこと言ったって無理に決まってる」「A社は毎年、上から『○%カット』と言うだけで、何も手助けなどしてくれない」……などなど、愚痴の山で紛糾していました。

そこに社長が顔を出し、「君たちの不満はもっともだと思う。私も常々、中小企業として弱い立場にあることをやりきれない思いでいる。ただ、当社にとって大切なお客様である以上、何とかご要望に沿いたいとも思う。どうだろう、今回の一律2割カットは小手先の改善では到底無理だと思う。これを機に、当社の生産体制を抜本的に革新してもらえないだろうか」と、彼らをねぎらった上で依頼しました。

その結果、なんと2割削減ではなく3・5割の削減が実現し、A社以外にも販路が広がり、飛躍の年となりました。

筆者がコンサルティングをしている、もう一例をご紹介します。漬物の製造・販売をしている株式会社丸越は、行動科学やポジティブ心理学、キャリア開発などをベースに組織改革に取り組んでいます。

ある営業会議にて

社長：「お客様から、新しい切り口の商品を求められているんだけど、何かアイデアはないかな？」

現場担当者：「すでにいろいろな具材が漬物となっており、さらに新しいヒット商品を出すのはなかなか厳しいです」

社長：「競合先のA社などもこれまでの限定的な食材を用いたお漬物から、野菜全般を対象として製造してきているから、お客様の要望はよくわかるんだよ。当社に期待していただいているのだから、ぜひ、その期待にお応えしたいという思いなんだけど」

現場担当者：「新しいアイデアとなると、野菜は季節ものですから、仕入などに問題が生じる可能性もあり、奇抜なアイデアこそリスクがあるように思うのですが……」

しばらく沈黙。

社長：「たとえば、具材からの切り口ではなく、製造の初期の過程、つくり方から見直すことはできないものだろうか？」
「お漬物は夕食の食べ物という認識を持っている人もいるけれど、もし毎朝、日曜日の気分にさせる食事ができるとすれば、どんな商品だろう？」
「われわれは頭が固いのでお払い箱になって、新しい担当者が就任したとすると、その彼はどのようなアイデアを出すだろう？」
「お漬物は和風だけれど、仮に洋風に置き換えるとしたら、どのようなイメージになるんだろう？」

……など、コーチングを学習した参加者から固定観念を壊す「問い」が発せられました。

『イノベーションのＤＮＡ』の著者である、ハーバード・ビジネス・スクールのクレイトン・クリステンセン教授は、「イノベーターは、まずは、多種多様な質問を通して、現状を深く理解する」「イノベーターは、なぜなのか？　もし○○だったら？　の質問を通して、現状に風穴を開け、直感に反する思いがけない答えを探し求める」と説いています。

多くの抵抗、愚痴、沈黙を経ながら、ついに次ページのような新しいコンセプトが生まれました。

『ベジリエ』－ベジリエは、ベジタブルのアトリエ－

自然と共にある健康美を追求する「新感覚 自然彩果漬」ブランドです。

市場のように、色とりどりのフレッシュな野菜や果物が並びます。

ビネガーやオリーブオイルと調和したツケモノが、健康に美容にあなたのカラダを守り育みます。

ツケモノは生きている…古来よりの知恵と工夫に満ちた機能食＝ツケモノを未来に伝える、それがベジリエの役目です。

自然と共にある機能美を追求するベジリエは、シゴトやアソビに、日々をアクティブに生きるアナタに「新感覚 自然彩果漬」をお届けします。

ヨガやジョグ、アロマテラピーやヒーリング、ダイエットやデトックス、健康美にコンシャスなアナタ。

日本と世界の野菜に果物、サスティナブルな暮らし。

そのまま食べてもよし、料理にも使えて、パンやパスタなど洋食に合ったおツケモノをコンセプトに、次世代のおツケモノとして、商品の開発を行ないました。

おツケモノでもなく、野菜サラダでもない新カテゴリー商品「おツケモノサラダ」♪

全国の百貨店や姉妹店「ピクレットサラダ名古屋三越栄店 」などでご提供しています。

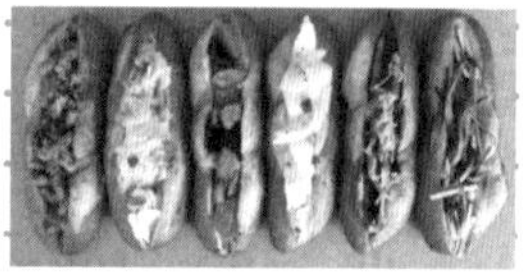

《アイデア商品の一例》

―丸越のこんにゃく漬物シリーズ―

ラムネの風味を活かした、その名も（そのまんまですが）ラムネこんにゃく！

こんにゃくとラムネ風味が不思議と合います！

漬け液を切ってから凍らせると、シャーベットのようなグミのような不思議な食感で、これまた美味！　ヒンヤリおやつとしてぜひどうぞ！

株式会社丸越（創業大正3年の日本美事御漬物）
本社：名古屋市天白区
HP：http://www.marukoshi.co.jp/

愚痴を奨励しつつ、社長自ら好奇心のままに質問をしながら現場を回り、質問を起点に対話をしていると、役員と部下の間の、今までは当たり前だと思っていた前提が崩され、自由に発想が広がり、気づくと、そこに新しい学びや創造が生まれてきます。

「完璧なチームはいったい何が違うのか?」について、Googleが社内調査した結果「心理的な安心感」という概念だったそうです。

また、カーネギーメロン大学が実施した「グループ成果につながる集団的知性を検証する」結果からは、「よいチームに見られる習性」として次の2点が紹介されています。

- チームの一人ひとりが、おおよそ「同じくらいの量」の発言をしていること
- 他人の気持ちを察する社交的な感度のチーム平均値が高いこと

例に挙げた株式会社丸越では、ストローク(承認)をベースに、相互尊重、相互信頼を醸成しています。安心できる環境の中でなければ、異質な意見を発言できず、アイデアが埋没してしまうからです。「愚痴っぽいけど」「つまらないかな」「こんなこと言っては」……そんな独り言を声に出せる、そして、受け入れられる、そんな環境を目指しています。

アサーティブをきっかけに、〝前向きな愚痴〟を言い合える場づくりを目指してみませんか。

積極的に（気軽に）不平不満を語れる場づくり

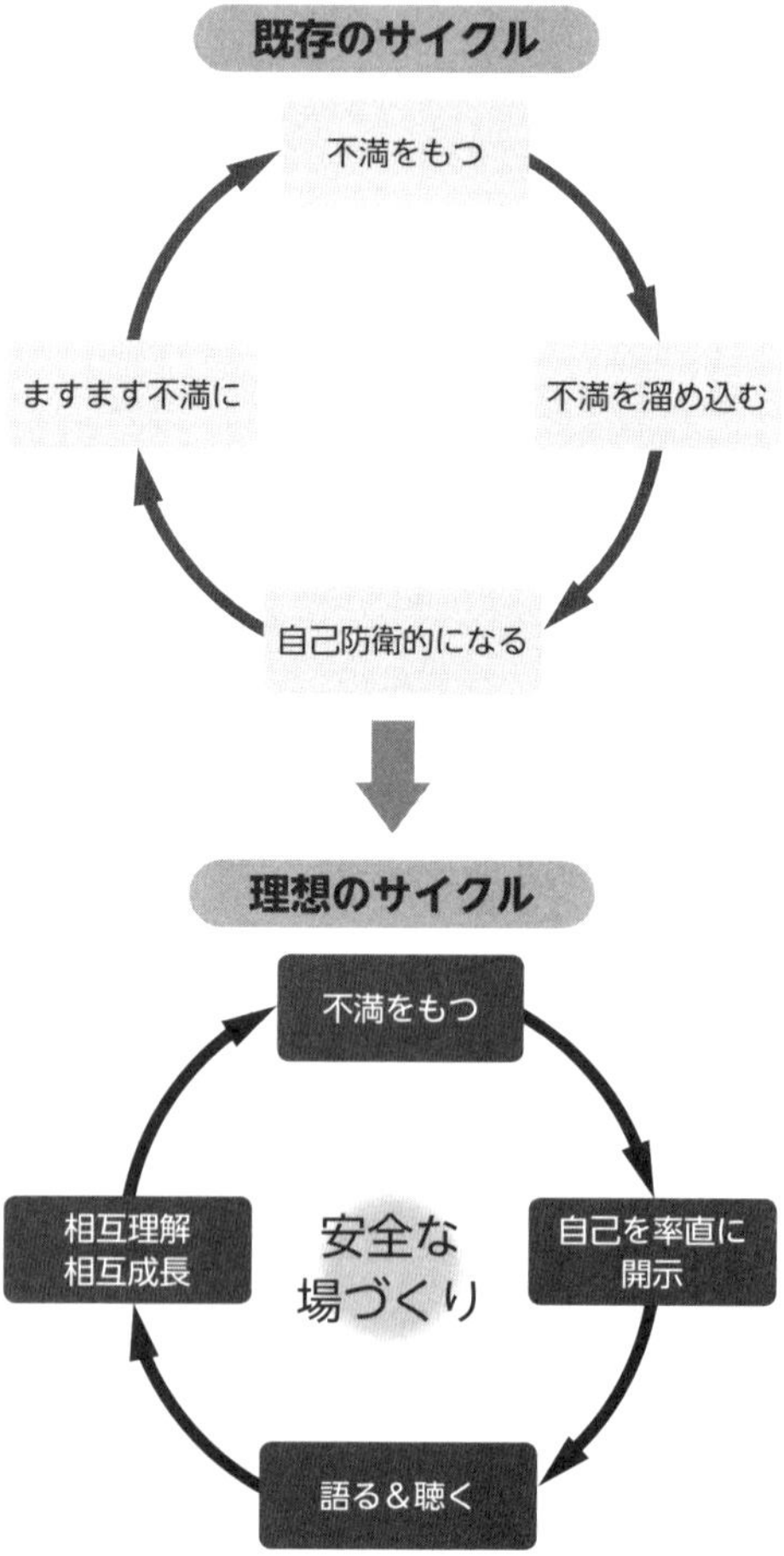

「独りで苦しみに耐える場」から「みんなで苦楽を共にする場」へ

相手をコミュニケーションの土俵に上げる

会議の招集をかけても、メンバーに急用が発生してしまうことが多くて、出席率が思うように上がらない。いざ面談を実施しても、本題に入るまでに時間がかかってしまう。こんな声をリーダーからよく聞きます。

そんなリーダーと筆者のやりとりの一部をご紹介します。

筆者：「○○さんは『ちょっと会議室に来てくれ』と部下を招集されますが、具体的な用件を告げられずに会議室に呼び出されたら、部下はどんな気分になるでしょうか？なんの話をされるのか不安だったり、思い当たることがらをかき集めて、よからぬ想像をしてしまったり、何か自分に不都合な話をされるのではないかと、ちょっとドキドキしたりしませんか？」

リーダー：「では、これならどうでしょう。『15分だけ時間をつくれるかな。販売促進計画を一部修正したいんだ。昨日の会議で使った計画書を持って会議室に来てくれ』」

◇会議・ミーティングでの質問例

会議やミーティングでの質問も、誘導尋問のような質問を受けた部下は、上司の求める答えへと追い込まれ、逃げ場を失ったような感覚に陥ってしまいます。

「なぜ」工期が遅れてしまったんだ？

➡ 損害を最小限に食い止めるために「何」をしたらいいだろう？

「なぜ」もう少し早く対応できなかったんだ？

➡ 同じ失敗を繰り返さないために「何」ができる？

「どうして」同じ過ちばかり繰り返すんだ？

➡ 今回の件で、私たちは「何」を学んだのだろう？

質問の仕方によって、相手に与える感情、さらには相手から引き出せる答えにポジティブな変化が現われます。

◇ざっくばらんにミーティングを進行するポイント

①人の話をよく聴く

②肩書きや立場優先の発言ではなく、「自分の言葉」で語る

③「あの人はこういう人だ」という先入観を一度捨てる

④問題が発生したら、「他人事」と思わずに、みんなで一緒に考える

⑤「言ってもしょうがない」と思っても、とりあえず「言ってみる」

⑥正論を言い過ぎない

⑦「自分の考えが間違っているかもしれない」という前提で肩書きに関係なく対等な立場で意見を言う

ミーティングは知恵を出し合って「最善の方法」を話し合う場として、活かしきってください。

枠組みを明確にすることで、部下が身構える壁は少し薄くなるように思います。

❖「話す」から「語る」コミュニケーションに

〝話す〟という漢字はごんべんに舌と書きます。言葉を舌に乗せて伝えるから、〝話す〟となるのです。一方、〝語る〟という字は、ごんべんに吾。つまり、自分を言うという意味合いになります。自分を言う、すなわち語る。それは、自分自身を見せること（開示する）に他なりません。自分自身から滲み出るエネルギーや人格を表に出しながら伝えようとする。それが、〝語る〟という行為なのです。

ある企業の経営者が自社のトイレが汚いことを嘆いていました。そこで、いろいろな機会を見て、社員に「トイレがすぐに汚れるので、きれいにしろ」と指示を出しました。ところが、言えば言うほど汚くなるばかり……そこで、社長はどうしたものかと困りはてていました。

そんな中、そのことを知った掃除の女性（パート）がある行動をとったことで、トイレを綺麗に維持できるようになりました。それは、次のような貼り紙を出したことです。

「このトイレは私たちの大切な職場です。いつもきれいに使ってくださり、ありがとうございます。感謝しています。掃除担当：○○□□」

権力を持つトップの指示よりも、掃除の女性のメッセージのほうが相手を動かしました。

率直に語り合う……その姿勢こそ、アサーティブの神髄とも言えます。

オレンジをめぐる交渉

幼い姉妹が1個のオレンジを巡って争っています。姉も妹も「オレンジが欲しい！」と言い張って、一歩も譲りません。姉妹はどのように交渉して、オレンジを分け合うべきでしょうか？

「半分に分けたら？」と親が言いましたが、ふたりとも「ひとつ分が必要なの！」と言って譲りません。しかし数分後、話し合いの結果、姉妹で無事に分け合うことができました。

実際にある研修でこの問題を問いかけたところ、参加者たちから以下のような回答が挙がりました。

「姉妹のうちのひとりがオレンジを2つに切って、もうひとりが切り分けられたオレンジの好きなほうを取ったのでは?」……たしかにそれであれば文句は出そうにありませんが、この答えでは、オレンジを2つに分けることになります。あくまで姉妹は「ひとつ分」を主張して譲らないので、これでは答えになりません。また、「今回は姉がひとつ分もらい、次は妹が全部もらえるように約束した」という回答もありましたが、それも間違いです。両者ともにひとつ分必要というふたりの主張が叶えられないからです。

結局、姉妹はオレンジを二等分しました。これで一件落着のように見えますが、その直後の行動は意外なものでした。姉は、オレンジの皮を捨て、果肉をジューサーに入れてコップ半分のオレンジジュースをつくりました。姉は喉が渇いていたので、コップ1杯のオレンジジュースが飲みたかったのです。一方、妹は果肉を捨て、皮を使ってオレンジピールをつくりはじめました。妹はフルーツケーキの材料が欲しかったのです。

姉から見た場合、妹はオレンジの果肉を奪い合う敵ではありませんでした。同じく、妹から見た場合、姉はオレンジの皮を奪い合う敵ではありませんでした。

姉妹のいずれか一方でも、交渉をしなければならない前提と、それに対する認識を打ち明けていれば、姉は果肉の全部、妹は皮の全部をもらうことができました。そして、一緒にオレンジジュースとフルーツケーキをつくり、楽しいおやつの時間を過ごすことができたでしょう。

「オレンジの皮と中身を分け合った」。これが正解です。

要するに「ふたりが求めていたものが違っていた」ということなのです。姉はオレンジジュースを飲みたくて、妹はオレンジの皮でフルーツケーキをつくりたかったのです。

お互いに「ひとつ分が必要なの！」と主張していても、実は目的が違っていました。話し合ってそれがわかれば、交渉が成立したわけです。

つまり「利害関係が一見、完全にぶつかっているように見える問題でも、相手と自分、双方の利害をよく分析してみると、うまく両者のニーズを満たす答えが出てくることがある」ということを、この事柄は示しています。

❖交渉はよりよい状態を実現するためのプロセス

「交渉＝駆け引き、交渉相手＝敵」ではなく、「交渉＝現状の問題を解決してよりよい状態を実現するためのプロセス、交渉相手＝問題の解決策をともに考える相手」という認識をもつことが求められます。

ビジネスの交渉は、当事者同士の利害が一致しないために難しいと言われますが、それは目の前のパイを奪い合うという近視眼的なものの見方から生じます。もっと大きな視点でとらえれば、双方ともに「ビジネスを発展させたい！」と考えており、この点で利害が一致しています。そうであるならば、「互いのビジネスを発展させるために、一緒にアイデアを出し合いましょう！」というアサーティブなスタンスが、交渉の場面にも求められます。

交渉を支えるための４つのCをご紹介します。

Credit（信頼・信望）
Confidence（自信・確信）
Consideration（思いやり・熟慮）
Compromise（歩み寄り・和解・妥協）

交渉は相手があってはじめて成り立ちます。そうであれば当然、相手の主張や立場への思いやりを欠かすことはできません。がむしゃらに押しまくることは相手の反感をつのらせ、歩み寄る姿勢のない独善的な交渉は成り立たないからです。相手への配慮が最後の合意、つまり相互理解と協力につながるのです。

アサーティブに依頼する

①相手の話に耳を傾けてから依頼する

「調子はどう?」「〜なるほどね。ところでさぁ……」

相手の話に耳を傾けてから頼むパターンです。

「○○君、最近調子はどう?」「なるほど、そうなんだ」と、一度相手の話を受け止めます。そうすると、相手も自分の状態を聞いてもらうことで、立場や気持ちがわかってもらえた気がします。その後に「ところでさあ、あの○○さんの件だけど、月曜日の納期までに納めるようにしてもらえるかな?」と言うと、「はい、わかりました」となる可能性が増すというものです。

②相手の状態をわかっていることを伝えた後に依頼する

「そう言えば、昨日は夜遅くまで大変だったらしいね。ところでさぁ……」

①と似ていますが、相手の状況を「聞いた後」と、相手の状況を「言った後」というのが大きな相違点です。「〇〇君、昨日は徹夜だったんだって。大変だったね、本当にご苦労さん」とねぎらった後で、「ところでさ、徹夜明けで大変だとは思うけれど、〇〇さんの件、月曜日の納期に間に合うようにやっといてくれるかな？」と言われると、相手は「自分の立場、状況をわかってくれているみたいだから、ひとつがんばろうか」と、受け入れやすくなります。相手の状況は、自分で見てわかっている状況でも、人から聞いた話でもいいのですが、「わかってあげている」と伝えることが大事です。

「〇〇君、お母さんが入院されて大変だったそうだね、長引きそうか。……そう、それは心配だね。君も大変な状況だと思うけれどさ、例の件、どうしても月曜日までに納めなきゃならないんだ。なんとか、頼めるかい？」。これも、同じパターンです。

徹夜して眠いとか、お母さんが病気だとか、失恋して落ち込んでいるなど、仕事仲間でもそれぞれ事情を背負って仕事をしています。そんな個人の事情をわかってくれている、理解してくれていると思えば、相手のためにひと肌脱ごうという気にもなるものです。

③相手の長所をほめてから依頼する

「〜が、〜になっていたのでよかったよ。ところでさぁ……」（具体的に長所やよかったところについては、できるだけ具体的に言ってほしいのです。「○○君、最近がんばってるね」ではダメなのです。この人は、とりあえず「がんばってるね」と言っておけば、なんでもやらせられると思っているんだ、と思われてしまいます。したがって、ここでもテクニックよりも姿勢が大事です。

「そういえば、昨日見せてもらった企画書の○○の箇所は、特に△△がよかったよ」と具体的にほめた後で、「ところで期限なんだけど、いいものを書くのは大変だと思うけれど、月曜日までになんとかしてもらえるかい？」と、依頼することが大切です。

本当にその部下とつき合おうと思ったら、毎日の生活の中で「あっ、ここはちゃんとできてるな」という部分を把握していてほしいのです。

ちょっとしたことでいいので、それを記憶にとどめておいて、「そういえば一昨日、会議の後、コップを片づけてくれてありがとう。助かったよ」と言えば、この上司はちゃんと自分のことを見てくれている、認めてくれていると感じて、この部下といいコミュニケーションがとれるようになるはずです。

キャッチボール効果をどう高めるか

デール・カーネギーは、著名な著作『人を動かす』の中で、「ふたりの人がいていつも意見が一致するならそのうちひとりはいなくてもいい人間だ」と述べています。

私たちは別々の人生を送っているかぎり、意見が異なること（つまり異見）は当たり前なのです。それを無理やり右へならえさせないと、なんとなく自分がリーダーである権威が示せないと考えること自体、すでに間違った前提に立っているのです。

コミュニケーションの前提をここに置くなら、意見が一致しないことが問題なのではなく、安直にトップやリーダーと意見が一致してしまうことのほうが異常なのです。

アイデアは「問い掛け」から生まれる

〝キャッチボール〟と言っているコミュニケーションには、明確なイメージがあります。

それは、スリーエム社のポストイット開発をめぐる逸話です。

シルバーという研究員が接着剤を開発していて、貼ってもすぐ剝がれてしまうものを創り出しました。彼はそれを「失敗」とは見なさず、社内の技術者に、この特性を活かした使い道を考えてくれないかと主張し続けたのです。その中で、いつも書籍に挟む付箋に不便を感じていた研究員のフライが、その使用方法として、ポストイットを発想したのです。

ここには、大事なポイントが2つあります。

第一は、自分から人にアイデア（考え）を問い掛けるということです。

第二は、失敗作という先入観にとらわれず、なんとかできないかと受け止める「聴く耳」をもっている人がいたということです。

職場のキャッチボールの原型はここにあります。実は日常でも、ふとした疑問や発想、あるいは仕事上の悩みや壁について、「どう思う？」と気楽に問い掛けられる相手がいれば、どれほど多くの発想や悩みを前向きに解決できるかわかりません。

たとえば、上司が部下に何かを頼んだとき、それがはじめての仕事なのに、「わかりました」と言ってすぐ引き下がるようなら、それはわかっていないと判断しなくてはなりません。よしんば、本当にわかっているとしても、そこでは「こういうときにはどうする？」と、上司の側から「問い掛け」なくてはなりません。部下は、「何がわからないかがわからない」かもしれないからです。こうしてはじめてキャッチボールがはじまるのです。

それをしないで、一方的な思い入れで、「なぜ、あのときわかりました、なんて言ったんだ！」と、部下を責める上司がいるとしたら、その上司は失格です。なぜなら、自分の指示すら的確に相手に伝えられないとすれば、チームとして職務を遂行する役割をはたすことなど、とうていおぼつかないからです。

❖意識的に「問題にする」

発想力のスキルに、有名なブレインストーミングというものがあります。その4つの原則、①発言への批判禁止、②自由奔放、③質より量、④他人の発言への相乗りOK、とはまさにキャッチボールを機能させるためのルール、つまり意見をいかに活かしていくかの仕掛けなのです。

とすれば、このスキルは、何人か集まらなくてはできないのではなく、こちらから、「これどう思う？」と問い掛ける姿勢があれば、電話やEメールがそのままブレインストーミングになっていくはずです。

こう考えてみると、実はキャッチボールとは、お互いの問題意識のぶつけ合いでなくてはならないということが見えてきます。問題意識とは、「意識的に『問題』にすること」です。それは、波風の立っていないところに、意識的に波風を立ててみること（誰も「問題」でないと言っているが、こうなったら「問題」なのではないのか、といったように）なのです。

もともと「問題」は（一般的に）あるのではなく、誰かが「問題」にすることで「問題になる」のです。とすれば、キャッチボールのない職場とは、言われたことをただ黙々とこなすだけの（惰性で動くだけの）、現状に誰ひとり問題を感じない、（発想の）死んだ職場と言っていいでしょう。

ホスピタリティーとアサーティブ

本書の冒頭で、ザ・リッツ・カールトンのサービスについてご紹介しました。

サービス（service）の語源は、ラテン語の servus で奴隷または奉仕するという意味が

「顧客満足」の土壌を養う循環

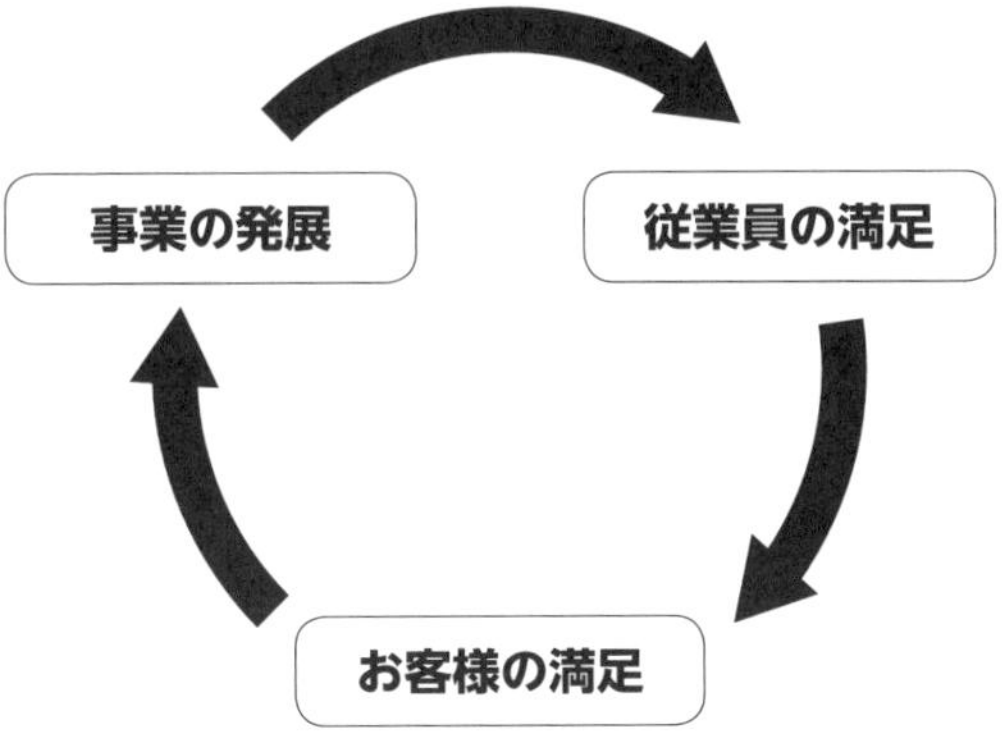

あり、英語のslave（奴隷）も同じ語源です。つまりサービスとは、本来は召使が主人に（当然無料で）奉仕することです。

一方、ホスピタリティーの語源は、ラテン語のhospesに端を発し〝思いやり〟とか〝おもてなし〟といった人に対する愛情や優しさを示しています。ローマ時代の人々には、異国の旅人に無償で宿舎や食事を提供する習慣があり、ときにはけが人や病人の介護や世話をする人もいました。こうした人をもてなす人をhospesと言います。

ホスピタリティーを発揮すると人のこころが動き、人のこころが動くと商品そのものの魅力に加え、サービスの価値が上昇します。同じ商品を購入するのであれば、生活者（購入者）はよりサービスの価値の高いほうを選択します。サービスの価値を高めるためには、商品価値にホスピタリティーを付加すればいいことになります。

売り手側のこころが買い手側のこころを動かす重要性を認識しているのであれば、常に社員のこころをいい状態に維持向上しておかなければなりません。CS（顧客満足）とES（従業員満足）は車の両輪なのですから、従業員を社内顧客と位置づけて、上司と部下の関係、他部署との関係の中に、アサーティブなかかわりを根づかせることで、自分も相手（お客様・上司・部下・仕入先など）も尊重する「顧客満足」の土壌を整える一助になるのではないでしょうか。

失敗は存在しない。あるのは結果だけ

発明王で有名なトマス・エジソンが、助手のワトソンと電球製作の実験をしていました。1万回目の素材を試したときに、実験室が大爆発しました。そのとき助手が言いました。

「博士、あなた俺を殺す気かい、何回失敗したら気が済むんだ」

それに答えてエジソンが言います。

「いや、私は1回も失敗なんかしていない」

「失敗しているじゃないですか。もう1万回も失敗していますよ」

エジソンは平然と答えます。

「いや、私は、電球にはならない素材を1万個も発見したんだ。そうすることで、それらは除外できるから、より早く電球をつくる素材にたどり着ける。しかも、挙げ句のはてに爆発する新素材も発見できたじゃないか」

つまり、「失敗は存在しない」という発想です。

コミュニケーションにも失敗はありません。こんな対応だと、こういうふうに受け取られてしまうのかと、学びの機会があるだけです。学びがあるから、次回は違った対応で当たろうと次につながるのです。

大リーグで大活躍するイチロー選手は、「小さいことを重ねることがとんでもないところにいくただ唯一の道」と述べています。

さて、これまでお読みいただいたアサーティブを身につけはじめたら、あなたにどのような変化をもたらしてくれるでしょう。

目を閉じて、想像してみませんか。

アサーティブなあなたと一緒に仕事ができたら、どんなにやりがいのある職場が形成されることでしょう。

まずは、簡単なことから実践してください。

周囲を見渡すと、すでにアサーティブにふるまっていて、うらやましく感じられる仲間と遭遇することもあるかもしれません。その際は、その仲間と自分を比べて、自分の評価を下げないでください。人と比べるのではなく、目標に向かって階段を上りはじめている自分を受け入れましょう。

職場にかぎらず、家族や友人関係が充実したものになれば、それは必ずや仕事に反映されますから、あなたの人生をより豊かに演出してくれます。

朝がくることをずっと望みながら、いざ朝がくると、その眩しさについ目を閉じてしまう――アサーティブを学びはじめると、そのような戸惑いを覚えることがあるかもしれません。どうぞ、焦りすぎず、陽の光に慣らしていってください。

自己宣言

いまここからはじめる3ヶ条

私はアサーティブな自分づくりのために、
以下のことに取り組みます。

1. ……………………………………

2. ……………………………………

3. ……………………………………

平成　　年　　月　　日

サイン ……………………………

123ページDESC話法の回答例

［状況］

部長はあなたにものを頼みやすいらしく、いろいろと仕事を言いつけます。もう手いっぱいなのに、また急ぎだと言って膨大なパソコン入力の仕事を持ってきました。同僚の山下君には、あまり仕事を言いつけません。そのときあなたは、我慢して仕事に囲まれて残業をしますか？　それとも、我慢出来ずに部長に食ってかかりますか？　それとも？

［アサーティブな対応］

D：私は部長からの仕事で手いっぱいな状態です

E：見たところ山下君は手が空いているようです

S：彼に頼んでいただけると

C：私は助かるのですが

［状況］

何かというと先輩風を吹かし、横柄な態度をとる先輩が「お前、一体何やってんだ！　またこんな間違いをして。馬鹿じゃないか」と言ってきました。これにどう対応しますか？　衝突を避けるために耐えますか？　それとも、ひそかに足を引っぱる復讐を考えますか？　あるいは「目には目を」で直接的に仕返しをしますか？　それとも？

［アサーティブな対応］

D：すみません、たしかにそれは私のミスです

E：ただ、先輩にそのような言い方をされると素直になれません

S：ですから、もう少し優しい言い方をしてもらえませんか

C：そうすると素直に反省でき、ミスも減らせると思います

おわりに

競争原理に強く支配されているビジネスの現場では、「自分を大切にしながら、相手も大切にするかかわり」よりも、「いかに自分が優位に立つかという威圧的な言動」や、逆に「自己をどれだけ押し殺すかといった言動」に支配されがちです。

しかし、これからの企業はアサーティブを軽視していては、発展し続けることは難しくなるかもしれません。

アサーティブは、優劣ではありません。協力であって競争ではありません。アサーティブは単なる自己表現の技術ではなく、基本的人権の問題やものの見方、考え方を含む、非常に広い意味での自己表現を意味しています。かけがえのないひとりの人間として、自分の持っている可能性を存分に発揮するために必要な考え方であり、取り組みだとも言えます。

「わかる」という理解と、「できる」という行動にはずいぶんと距離があります。何もしないことと何もできないことは違います。できる、やり続けているという自己づくり、職場づくりの旅に出発しましょう。

家庭内でなされる会話は、家庭外の人間関係のリハーサルになります。また、家族が円満であれば、それが仕事に反映されます。ですから、どうぞ身近なところから取り組むことを意識してください。

一度アサーティブにかかわったけれど、失敗したから、アサーティブは役に立たない！と安易に諦めないでください。コミュニケーションは相手が存在する以上、これが正解と言えるものはありません。だからこそ、仮に失敗しても、次はこうかかわってみようとする態度が求められるのです。

あなたがアサーティブを学び、いろいろな状況でアサーティブにかかわりはじめると、周囲の人があなたの変化に気づき、戸惑うこともあるでしょう。私たちは、相手を知れば知るほど、「こういう場合、こうふるまうだろう」と予想を立てながらかかわっています。だからこそ、理解しやすく、対処しやすいのですが、この先、その予想が外れるので、相手は戸惑います。

これまでノン・アサーティブであったあなたが、アサーティブにかかわりはじめると、周囲の人はアサーティブと受け取らず、アグレッシブだと受け取りがちになるでしょう。また、アグレッシブだったあなたがアサーティブにかかわると、ノン・アサーティブだと感じられることもあるでしょう。

あなた自身も周囲の反応に戸惑うことでしょうが、相手の反応に注意を払い、気長に相手の反応を観察して、学びの機会として活かしてください。

本書を書き上げる過程を通して、筆者である私自身がアサーティブの理解をより深め、アサーティブが随所に役立つものである実感を得ました。そして、私自身がノン・アサーティブやアグレッシブの繰り返しであることも同時に痛感し、恥ずかしい想いを抱き続けてきました。「本書の最初の読者は自分だ」と自覚しています。

さあ、ご一緒にさわやかな生き方を手に入れましょう。

最後に筆者より謝辞を述べさせていただきます。

まず、同文舘出版の竹並治子さん。本書を書くきっかけは、彼女から「職場におけるアサーティブの書籍を書きませんか」というお誘いからでした。執筆作業を通じて、お互いにアサーティブにかかわりながら、よい書籍に仕上げましょうという約束から取り組みました。執筆作業を根気よく見守り、心地よい励ましをいただきました。

いまは亡き両親に心から感謝します。父は重度障害であるにもかかわらず、限りない愛情と信頼を寄せ合える最高の親子でいられました。母が他界後、17年間、父を介護できる幸せ、親孝行のできる幸せ、アサーティブでいられる幸せにいまもいまも感謝の気持ちで溢れています。

そして、妻とは、アサーティブな生き方を分かち合うパートナーとして、お互いに素直なフィードバックをしながら学び合えています。

ふたりの存在が心の支えとなり、本書を仕上げることができました。

末尾で恐縮ですが、仕事の面ばかりでなく、生きる上でお手本となる故岡野嘉宏先生と奥様の八重子さんには、日頃からあたたかなストローク。〝こころの栄養素〟を注いでいただいています。この場をお借りして、心より感謝を捧げます。

ライフデザイン研究所のオフィスにて

畔柳　修

参考文献

『こころの健康ワークブック』（ＰＨＰ研究所）
『人と人との快適距離』（日本放送出版協会）
『人間関係入門』（ナカニシヤ出版）
『人間関係を学ぶ』（ナカニシヤ出版）
『親しさが伝わるコミュニケーション』（金子書房）
『コミュニケーション読本』（雇用問題研究会）
『人づきあいの技術』（サイエンス社）
『自己主張が楽にできる本』（実務教育出版）
『怒りのセルフコントロール』（創元社）
『感情はコントロールできる』（創元社）
『自分でできるカウンセリング』（創元社）
『「思い込み」を変える自己トレーニング』（東京図書）
『セルフ・アサーション・トレーニング』（東京図書）
『素直な心になるために』（ＰＨＰ研究所）
『アサーティブ』（ＰＨＰ研究所）
『「ＮＯ」を上手に伝える技術』（あさ出版）
『自己表現トレーニング』（岩崎学術出版社）
『ナースのためのアサーティブ・トレーニング』（医学書院）
『自己主張トレーニング』（東京図書）
『「アサーティブネス」のすすめ』（柘植書房新社）
『ことばに出そう！　自分の気持ち』（すばる舎）

『なぜ、今までのやり方を変えられないのか』（実務教育出版）
『あたらしい自分を生きるために』（童話館出版）
『現代のエスプリ　アサーション・トレーニング』（至文堂）
『自己カウンセリングとアサーションのすすめ』（金子書房）
『カウンセラーのためのアサーション』（金子書房）
『教師のためのアサーション』（金子書房）
『言いたいことがきちんと伝わる50のレッスン』（大和出版）
『自分の気持ちを素直に伝える52のレッスン』（大和出版）
『自分を変える本』（ＢＯＣ出版部）
『アサーション・トレーニング』（金子書房）
『女性の自己表現術』（創元社）
『第四の生き方』（柘植書房新社）
『心を癒す「ほめ言葉」の本』（大和出版）
『子どものためのアサーショングループワーク』（日本精神技術研究所）
『Ｂｅアサーティブ！』（医学書院）
『上司と部下の深いみぞ』（紀伊國屋書店）
『アサーティブ・ウーマン』（誠信書房）
『ホリスティック・コミュニケーション』（春秋社）
『自己評価の心理学』（紀伊國屋書店）
『怒りのダンス』（誠信書房）
『メガトレンド』（三笠書房）
『イノベーションのＤＮＡ』（翔泳社）
『人を動かす』（創元社）

著者略歴

畔柳 修（くろやなぎ　おさむ）

ライフデザイン研究所 所長

1965年1月愛知県生まれ。大学卒業後、経営コンサルタント会社を経てライフデザイン研究所を設立。独立当初より、行動科学や数多くの心理療法を精力的に学び、人材開発や組織開発に応用している。「経営コンサルティング／組織開発」「人材開発／研修セミナー」「ストレスチェック／EAPメンタルヘルス」「キャリア＆心理カウンセリング」の4つのサービスを軸に「個人の輝きと職場の活性化」の実現に向けて、精力的に活動。経営コンサルティングでは、ポジティブアプローチによる組織の活性化を支援。企業理念、経営ビジョン、戦略的中期経営計画などの策定や人事施策の改訂などを担い、「企業とは人が幸せになるところ」という想いを込め尽力している。また、中堅・中小企業の人事部のアウトソースを担い、人材開発や賃金・評価などの企画から運営までトータルで支援している。人材開発では、キャリアデザインをはじめ、リーダーシップ／レジリエンス／ポジティブ心理学／メンタルコーチング／モチベーション／戦略思考／ソリューション・フォーカス／NLP／階層別研修など数多くのテーマを担当。『キャリアデザイン研修 実践ワークブック―若手・中堅社員の成長のために』『メンタルヘルス実践ワーク―生産性と人間性を織り成す企業づくり』『職場に活かすTA実践ワーク―人材育成、企業研修のための25のワーク』（金子書房）など著書多数。

問い合わせ先：info@e-eap.com　　ライフデザイン研究所HP：http://e-eap.com

最新版「言いたいことが言えない人」のための本

――ビジネスではアサーティブに話そう！

平成28年10月4日　初版発行

著　者 ―― 畔柳 修

発行者 ―― 中島治久

発行所 ―― 同文舘出版株式会社

東京都千代田区神田神保町1-41　〒101-0051
電話　営業03（3294）1801　編集03（3294）1802
振替 00100-8-42935
http://www.dobunkan.co.jp/

ISBN978-4-495-57562-5

印刷／製本：三美印刷　　Printed in Japan 2016